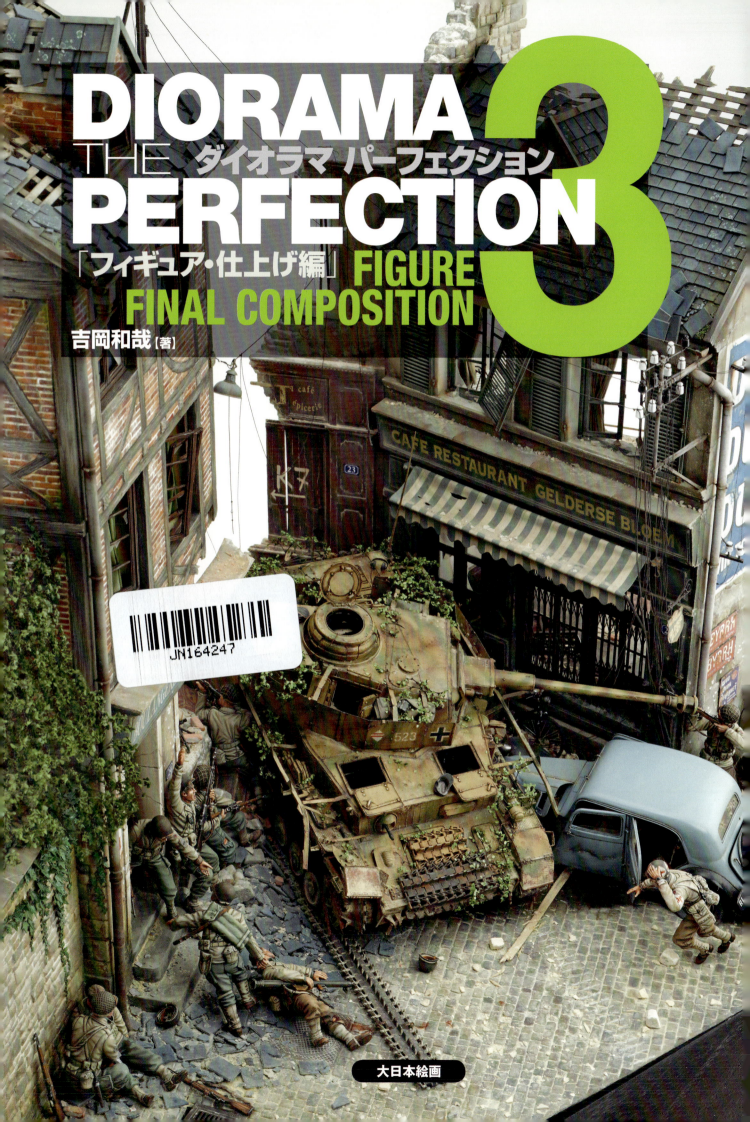

これまでのあらすじ

　この本はAFV模型専門誌「月刊アーマーモデリング」連載の「ダイオラマ・パーフェクション」内で製作したダイオラマ作品『Move, Move, Move!』について解説したものです。前作2016年に刊行した「ダイオラマ・パーフェクション2」はその前半をまとめました。ダイオラマを構想してレイアウトを決定。擱座したⅣ号戦車やシトロエンの車両をクラッシュモデルとして作り込みました。ほかには建物を仕上げ、室内にレイアウトされる家具類をスクラッチビルドしています。
　本書ではその続きとして、16体登場するフィギュアの製作と塗装、そして作品全体を覆う瓦礫類やテクスチャーを作り込んだのちにダイオラマ全体を仕上げる工程をまとめました。今回この本にまとめるにあたってもっとも力をいれたのがフィギュアの製作と塗装です。

　ダイオラマに限らずAFVにおいてフィギュアを製作できるか否かで表現の幅は大きく変わります。しかし、とくに塗装を苦手としている人が少なからずいるのも事実です。そこで本書ではフィギュアの塗装に関してはページを割き、使う道具と画材、マスターすべき技法、使う色について詳しく解説しました。とくに顔の塗装に関しては詳しく解説します。
　仕上げのパートでは、瓦礫などのテクスチャーに関する技法から、こまかいながらもダイオラマ作品の質をあげるテクニックについてまとめています。多岐にわたるトピックを扱っていますのでダイオラマを作る人はもちろん、作らない人でも「これだ！」という参考になるポイントがあるはずです。そういった点を拾い読みしても楽しめる作りになっています。ぜひ「2」と併せ通読いただければ幸いです。
　　　　　　　　　　　　　　　　　　　　　　　　（吉岡和哉）

目次 Table of CONTENTS

- 『Move,Move,Move!』 …………………………………………… 4
- 第1章 フィギュアの工作 …………………………………… 9
  - 1-1 インジェクションキットフィギュアを作り込む ………… 10
  - 1-2 インジェクションキットフィギュアのポーズを変える …… 14
  - 1-3 フィギュアを自作する ……………………………………… 20
  - 1-4 ディテールアップと仕上げ ………………………………… 26
- ダイオラマレイアウト考察
  - ロジカルに作品の見せ場を検証する ………………………… 32

Column
- ダイオラマレイアウト考察 ……………………………………… 34
- 吉岡和哉のアトリエ ……………………………………………… 36

- 第2章 フィギュアの塗装 …………………………………… 37
  - 2-1 フィギュアの塗装とは ……………………………………… 38
  - 2-2 フィギュアのヘッドを塗装する …………………………… 40
  - 2-3 フィギュアの服装を塗装する ……………………………… 46

- 第3章 瓦礫、小物、植物の製作 …………………………… 63
  - 3-1 瓦礫を製作する ……………………………………………… 64
  - 3-2 瓦礫、石畳の塗装 …………………………………………… 73
  - 3-3 室内小物の製作のTips ……………………………………… 78
  - 3-4 植物類の製作と塗装 ………………………………………… 80

Column
- サビ表現のイロハ ………………………………………………… 77

- 第4章 ダイオラマの仕上げ ………………………………… 91
  - 4-1 小物類の追加工作 …………………………………………… 92
  - 4-2 作品の仕上げと微調整 ……………………………………… 97

Kazuya Yoshioka Figure Work's
インジェクションキットフィギュアをブラッシュアップする
- 『Defending the summit』 ……………………………………… 34

フィギュアを油絵の具を使って塗装する
- 『Patrolling the beutiful green hell』 ………………………… 60

フィギュアを載せる地面を作り込む
- 『Mending the breach』 ………………………………………… 89

吉岡和哉 Kazuya YOSHIOKA

1968年生まれ、神戸市在住。幼少のころに観た特撮映画のセットに興味を持つことで模型作りに目覚め、そのことがダイオラマ主体の製作スタイルの礎となる。作品を作るきっかけは、そんな昔見たようなリアルなミニチュアを「自分のものにしたい」という想いからはじまった。細部にいたる徹底工作や、ダメージ、汚し表現など実車らしさを高めるための拘りも、実際にないものをあたかも実在するように魅せる特撮ミニチュアへの強い憧れがルーツになっている。

吉岡氏とは黄色のワーゲンのサーファーの作品を静岡ホビーショウで見て、連絡をしてからのモデラー仲間。良い友人です。毎月の吉岡氏の作品をどう見て楽しみに見ています。構成は見事、細部までこだわった作品、私は正直辛いです。「ここまでやるか？」「こんなところで……」失意の連続。同じモデラーとしてショックは大きい。「よくぞここまでやったね」と吉岡氏へ電話。「いやいや、時間をかければできますよ」と謙虚な答え。私の心の傷はますます深くなる。そんな私に吉岡氏への寄稿の依頼、編集部もよくやりますよ。

完璧主義者のヒッチコック監督はリハーサルをくり返し、納得がいくまで時間をかけて映画を撮っていました。吉岡氏もいくつもの構成を思考錯誤して『唯一無二』『完璧』な作品造りを模索する。通常、完成した作品からは結果しか見られない。が、本書では吉岡氏が完成に至るまでのノウハウからHOW TOまで、手順を追って懇切丁寧に解き明かしてくれる。

前作品集の車輌・建物編に次いで、今回はフィギュアを「なぜここに配置したのか」「どうしてこの向きに」「ここの造り方」「どうやって構築していくのか、作品造りの見せ場をどうやって構築していくのか、作品造りの見せ場をどうやって構築していくのか、観点や見せ場をどうやって構築していくのか、作品造りを丁寧に説いてくれる、モデラーにとって垂涎の貴重なバイブルとなるでしょう。

曰く『時』は万物に共通に与えられし物、吉岡氏の過ごす1時間と私たちの1時間は全く同じ、のはず。同じ素材を手にしているのだから、「いつかきっと、私も」と強い意思とたゆまぬ努力を持って、しっかり精進しよう。吉岡氏と同じ時代を生き、これからも彼が次々と造り出す傑作を目の当たりにし、製作への想いを私達に繋いでくれる彼の製作を継承しよう。

模型界を二段高みに引き上げてくれる本誌を見て全身に力をみなぎらせる傑作を目の当たり立て！」吉岡氏の後を継ぐ者の出現を切に熱望する。

嘉瀬 翔（モデラー／デザイナー）

第1章
Modification of figures
フィギュアの工作

ときにはストーリーを語り、ときには作品の密度を高め、ダイオラマ作品に深みを与えてくれる「フィギュア」。ダイオラマ作品にフィギュアを配置すると、作品を鑑賞する者の視線を集め、そして動線へと導きます。するとダイオラマとして切り取られたその場には、動きが生まれ、作品のなかで物語が進み始めるのです。

フィギュアは作品の状況を説明する語り部です。着膨れて手に息を吐くフィギュアがいれば寒さを感じさせ、上半身裸で額の汗を拭うフィギュアがいれば暑さを感じます。また目線や顔の向きで鑑賞者の視線の誘導もできるため、必要とあらば首の向きを変え、手足を改造し、時には全体を自作して作品の状況を説明させることも可能です。

フィギュアはいちばん身近なモチーフながら難しくもあり奥が深く、作りがいのある要素だといえるでしょう。

DIORAMA THE PERFECTION 3
FIGURE · FINAL COMPOSITION

第1章：フィギュアの工作

1-1 インジェクションキットフィギュアを作り込む

ダイオラマ作品に欠かせないフィギュア。戦車や車両に手を入れてディテールアップするように、市販のフィギュアも服装や装備品などに手を加えてやるだけで、さらに見栄えよい作品に仕上げることが可能だ。これはダイオラマ作品全体のクオリティを上げることにも繋がる

◀左の素組みのキットと比べると彫り込んだりパテを盛り足すことで、ディテールが強調しているのが分かるだろうか。少し強調気味に彫り込んでいるのがオーバーな表現だが、右の方が塗りやすくて模型的には見映えがする。最新のキットでなくても、ブラッシュアップすれば全体の解像度が上がり、そのキット本来の持ち味も見えてくる。

インジェクションプラスチックキットのフィギュアといえば、アフターマーケットのレジンフィギュアと比べると「見劣りするもの」と物足りなさを感じていたのはもう昔の話。最近のキットはよく考えられたパーツ分割や3Dスキャンを多用した自然な仕上がりのものもあり、クオリティーの高い製品が店頭を賑わせています。

しかしそんなキットでも金型の都合で、ディテールがダルくなったり厚みが増したりしている部分も多くあります。そういったところは整形やディテールアップに時間をかけたいものです。そうして完成度を上げておくだけで、のちの塗装が非常に楽になります。

たとえば曖昧なモールドを彫り起こし、シャープにすることで塗り分けが楽になったりシワを強調することで陰影が付けやすくなったりします。塗装のことを考慮しながら作業するのが大事なのです。

このとき注意するのが彫り過ぎ、削り過ぎです。形も違うものにしたり骨格が崩れてしまうこともあります。ある程度作業したら遠くに離れて全体のバランスを確認したり、スマートフォンで撮影して鏡に映して見るのも良いでしょう。要は作業中、つねに客観的に見ることが大事なのです。■

1-1-1 作品に使うフィギュア選びと、登場させる数を決める

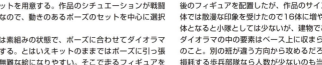

本作はD-Dayの5日後に現地入りしたアメリカ陸軍第30歩兵師団の兵士でストーリーを展開しています。そのためフィギュアは各社から製品化されているHBTジャケットとズボン（トラウザーズ）の上下、またはその上に、M41フィールドジャケットを着用したのが再現されたセットから選びました。腕や装備が流用できるストーリーを考慮してフィギュアもキープしたかったので、少改造で欧州戦線仕様にすることができるフィギュア仕様のものや、単立ちのものや、少改造で欧州戦線仕様にすることができるフィギュアもキープします。このとき注意するのがパーツのサイズ。全体のサイズ感や装備の大きさが違うものは避けられます。またあまり古い時期に発売された軍装が再現されているセットもちろんストーリーを考慮し、腕や装備が戦闘シーンに合うものを選ぶのですが、実際にベースに置いて密度感やストーリーの解りやすさを確認しながら決めます。当時のアメリカ軍の歩兵分隊は12名で構成されていますが、それでは少なく、かといってもう1個分隊を追加するとキャストが多すぎてしまいます。当時の部隊は損耗が激しく定数に満たないことはざらだったようで、消耗した2個分隊が集まった小隊として16体のフィギュアで構成することにします。

❶ダイオラマに配置するフィギュアを製作するにあたり、ノルマンディー戦線で使えそうなアメリカ兵のプラスチックキットを用意する。作品のシチュエーションが戦闘シーンなので、動きのあるポーズのセットを中心に選択した。

❷まずは素組みの状態で、ポーズに合わせてダイオラマに配置する。とはいえキットのままではポーズに引っ張られて無難な絵になりやすい。そこで走るフィギュアを寝かせてみたり、腕や足を変えたりと、素組みのポーズとは違う使い方をしてみると、思ってもいない良いポーズになることがある。さらに記録写真を参考にフィギュア同士の掛け合いを再現するなど、この工程はできるだけ時間をかけたい。

❸最終的にベース上に収まったフィギュア。作品の奥側に敵（ドイツ兵）が居るという設定で、向かって右手前から左の奥へとフィギュアを配置して、敵を追い込もうとする歩兵部隊を再現した。当初は分隊を想定して12体前後のフィギュアを配置したが、作品のサイズが大きく12体では散漫な印象を受けたので16体に増やしてみた。16体となると小隊としては少ないが、建物であれ道であれ、ダイオラマの中の要素はベース上に収まらないのは当然のこと。別の班が違う方向から攻めるだろうし、たえず損耗する歩兵部隊なら人数が少ないのも当然なので、フィギュアの人数を正確に再現するより、絵にしたときの見映えを優先する。

❹3階建てのパン屋の中には、ドイツ兵の動向を探ろうと姿勢を低くしたフィギュアを配置。手前の兵士は以前からやりたかった、ナイフの先にガムで固定した鏡を使って敵の様子をうかがうポーズをとらせる。

1-1-2 モールドを彫り起こす

❶モールドの彫り起こしには写真の道具を使用した。ⓐセラミックの刃、ⓑ医療用のステンレス製メス、ⓒMr.ラインチゼル、ⓓマイクロチゼル、ⓔ極細ダイヤモンドヤスリ 丸、ⓕ極細ダイヤモンドヤスリ 四角、ⓖⓗBMCタガネ、ⓘワイヤーブラシ、ⓙケサギ刷毛。これらすべてを用意する必要はないが、用途によって使い分けることで作業がはかどる。

❷シワの彫り起こしは、はじめに両甲丸のヤスリを使って大まかにシワのアウトラインを削り出す。このヤスリは面を使えば浅いシワが彫れ、こば（ヤスリの側面）を使えば彫りの深いシワが彫れる。先へいくほど細くテーパーが付いているので、この1本でさまざまな状態のシワが再現できる。シワ彫りに使うヤスリは、ほぼこの1本で済む。

❸曲げた関節部分にたくさん入るこまかいシワや、写真のような股上にできる寄ったシワは、ミッションモデルズの「マイクロチゼル」（1mmの半V断面丸刃）やGSIクレオスの「Mr.ラインチゼル」（丸刃）で彫り起こす。これらの使い方は、刃を押込んで彫る彫刻刃としての使い方以外にも、カンナがけの要領で刃を寝かせて使えば、さまざまな幅のシワを彫ることができる。またタガネでスジ彫りをするように、刃先を立てて手前に引くことで深さのある幅の狭いシワも彫ることができる。

❹入り隅の整形や極細のシワを彫るときには、スジボリ堂の「極細ダイヤモンドヤスリ 400番相当」がおすすめ。種類も丸と四角のものがあり、四角のものを使えば銃や装備品など、布以外の硬さを表現したいときの処理にも使える。また丸のヤスリは先が尖っているので、写真のような細部のスジ彫りにも使える。このヤスリはシャープペンに差し込んで使うので、ハンドリングしやすく曲線のスジ彫りにも向いている。

❺アルゴファイルジャパンの「マイクロフィニッシュ」はセラミックの刃でパーティングラインをカンナがけで消すための道具だ。とはいえ丸まった刃の先端で引っかくように使えば、写真のようなこまかいシワを彫ったり、シワの奥の表面仕上げにも使える。またセラミックの刃は金属の刃と比べてマイルドなので、削り過ぎることもない。プラスチックの上に馴染ませたパテなど、硬さの違う素材の表面を引っ掛けることなくスムーズにカンナがけすることもできる。なお写真には写っていないが、反対側は曲線刃になっているので、これひとつで彫刻することができるシワは多い。

❻ベルトの際や襟元のような鋭角なモールドの掘り起こしには、スジボリ堂の「BMCタガネ」が適している。タングステン鋼の刃はとにかく切れ味が良く、力を入れずにサクサクとプラスチックを彫り込める。ただ刃が硬質で粘りがないため、無理な力や衝撃が掛かると折れやすいので乱暴に使わないように注意。

❼切削後の表面の粗は、ケサギ刷毛を使って、軽く擦って滑らかにする。このとき強く擦り過ぎると周りのモールドが消えてしまうので、力加減と込み入ったディテールのあるところは注意する。

❽整形後は流し込みタイプの接着剤を塗って、ケサギ跡を溶かして滑らかに仕上げる。表面の荒れがキツいところは乾燥が遅めのタミヤの流し込み接着剤を使い、繊細なモールドなど接着剤を塗り過ぎるとディテールが融けそうな所は、乾燥の早いGSIクレオスの流し込み接着剤を使用する。

❾❿ボタンはいつものようにリベット作りでお馴染みのビーディングツールで量産する。0.25mm厚のプラシートを、ゴム板の上に敷いて0.35mmのポンチで打ち抜けば、片面が緩い半球状のボタンが再現できる。抜いたボタンはデザインナイフに突き刺して接着剤を付けて貼り付ける。

フィギュア工作でのエッチングソーの活用

フィギュアのモールド表現で難しく厄介な衣の縫い目。硬化前の柔らかいエポキシパテの表面ならまだしも、硬くて凹凸のあるプラスチックの表面に均一な太さの凹モールドを彫るのは難しい。そこで便利なのがタミヤの精密ノコギリ。デザインナイフの柄に装着せずに、刃を直接持って使った方がハンドリングしやすく、曲線や凹凸があっても彫りやすい。
Ⓐカートリッジベルトの横筋も精密ノコギリを使って再現。実物と同じ数の筋を入れなくても、4本くらいで充分雰囲気がでる。
Ⓑ関節を曲げたときにできる細くて深いシワは、両甲丸のヤスリやチゼルでは細く彫ることができない。そんなときはエッチングソーで切り込みを入れて、角をナイフで落としてやればシャープなシワを再現することができる。ただそのままでは造形が硬いので、流し込み接着剤を塗ってエッジを溶かして丸める。

1-1-3 キットパーツのボリュームを増す

各社のフィギュアのキットを組み立てていると、やけにスマートに感じるものがまれにあります。服装の生地が薄手の場合や細身の軍装もあるでしょうが、細身のシルエットの軍装の場合、「上半身の胸板が厚みがない」「下半身が細い」といった量感不足のものは不自然に感じます。ポーズの修正は比較的簡単にできるのですが、量感が足りない場合はちょっと手間がかかります。パテを盛ってボリュームを足すこともできるのですが、もとあるディテールの上からパテを盛るとせっかくのモールドを埋めてしまいますし、スクラッチビルドと同等の手間がかかります。そこでここでは比較的手軽にフィギュアの四肢のボリュームを増やす方法を紹介します。プラ板を使うことでキット本体との馴染みもよく加工も手軽です。先の行程ではモールドの彫り起こしを解説しましたが、キットによってはこの工程を先にやっておいたほうがいいでしょう。■

1ベース右側のスペースには、通りを横切ろうと待機する歩兵の集団を配置する。ここは本作品の導入部でよく目立つので、プロポーションやポーズにこだわってみる。使用するフィギュアは、ドラゴンの「U.S. 機甲歩兵 [Gen2]」の4体で、軍装やポーズはこのダイオラマに最適なキット。しかし仮組みしてみると落ち着いたポーズと下半身のスマートさが気になった。HBTトラウザースはバギーパンツのようなダボつきはないが、キットの下半身は量感不足により安定感がないように見える。そこで上体を少し前傾させ、足を中心に下半身をボリュームアップすることにした。
2ボリュームの付け足しにエポキシパテを使う場合、太らせると同時にシワを好みの形に造形できるメリットがあるが、キットのままでも良いシワの場合は改悪になることもある。
3 4プラ板を挟んでボリュームを増す方法はキットのディテールを活かすことができる。はじめに足をエッチングソーなどで切り込みを入れる。そしてそこに、先端をクサビ状に削ったプラ板(0.75㎜)を差し込んで、接着剤を流して固定する。エッチングソーの刃が入りにくいときは小口にエナメル系うすめ液を数滴垂らすと切りやすくなる。ただしプラが割れやすくなるので使用量に注意。
5はみ出した部分をニッパーでカットして、合わせ目はスポンジヤスリでていねいに仕上げる。合わせ目をまたぐシワのモールドは、棒ヤスリや丸のみで彫り起こして足しておく。
6 7記録写真を見ると、キットのような細身のズボンを着用した兵士も少なくないが、下半身のボリュームを足すことでフィギュアの量感が増して存在感が出る。改造したフィギュアは腰部にプラ板をかまして上体を前傾させて緊張感を出してみた。またキットのフィギュアは、腰に弾薬帯を付けるためか、脇の空きが気になるので腕の付け根を一部削って腕を体に密着させる。あと銃の重さが感じられるように体に寄るように腕を加工した。

各部のベルトの作り方

1短冊状に切ったマスキングテープは、ベルトを再現する素材のなかでいちばん安く手頃なもの。粘着材が付いているので位置決めもしやすく、凹凸にも馴染みやすい。ただ粘着材が付いているためバックルは通せない。
2エッチング製のベルトはモールドが再現されうすく精密な印象を持たせることができるが、そこだけ精密になりすぎないように周りのモールドもシャープに加工する必要がある。また、焼きなまさないと密着しにくく、塗装前にプライマーの塗布が必須になる。
3薄く伸ばしたデューロパテ(P78参照)はベルトの表現にうってつけだ。また柔らかく表面が滑らかなので、曲面によく馴染みバックルも通しやすく、塗料の乗りも良い。接着は瞬間接着剤を使用する。

1-1-4　袖口を開口する

フィギュアをディテールアップするときに「必須」と言われることもある袖口の開口ですが、実際にはチゼルを使って少し彫り込んだり、目立たない角度であれば塗装で奥行きを感じるように塗るだけでも良いでしょう。手首は手と袖を別パーツにするメリットは手と袖に微妙な表情（角度）をつけることが可能であり、さらに塗装がしやすくなる点が挙げられます。手首をカットして別パーツ化する場合、瞬間接着剤のシアノンを使って手首を再生するといいでしょう。

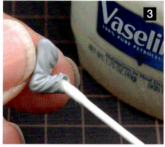

1 手と腕をエッチングソーで一旦切り離したら、袖口をピンバイスで開口し、ナイフでフチを薄く削る。
2 手に0.5mmの真ちゅう線を差し込んで腕と手を固定できるようにしておく。真ちゅう線はコンロで炙って焼きなまし、柔らかくしておくとポーズ付けの際に表情を付けやすい。
3 袖の中に離型剤としてワセリンを塗る。
4 手を袖口にセットしたら袖の隙間からシアノンを充填する。
5 シアノンが硬化したら手を袖から引き抜く。開口部の形が複雑なときは、シアノンが剥離しにくくなる場合もある。また穴が深いと内側の硬化が遅くなるので、袖の開口部にワセリンを塗ったうえから、瞬間接着剤の硬化促進剤を塗っておいてもよいだろう。
6 抜き取った手は、はみ出たシアノンを手首の形に整形する。またインナーシャツのようなディテールを足してもよいだろう。

1-1-5　銃をしっかりと握らせる

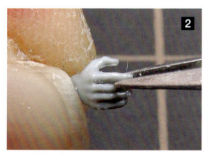
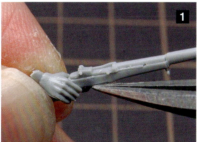

キットの手を使って銃を持たせると、手と銃の間に隙間ができるのはよくあること。ただそのままではプラモデルが目立つと同時に緊張感も弱まってしまうので、面倒でもしっかりと握らせたい。
その対処としてよくあるのが、エポキシパテによる手首の自作だが、手の造形はフィギュア作りでも難しい部分なので、まずはキットの手をそのまま使うことをお勧めします。

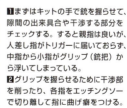

1 まずはキットの手で銃を握らせて、隙間の出来具合や干渉する部分をチェックする。すると親指は良いが、人差し指がトリガーに届いておらず、中指から小指がグリップ（銃把）から浮いてしまっている。
2 グリップを握らせるために干渉部を削ったり、各指をエッチングソーで切り離して指に曲げ癖をつける。キットによってはプラスチックが硬いものもある。そんなときは切れ込みを入れてから折って、形が決まったら切れ込みにシアノンを流して固定する。各指を切り離すときは、指の付け根の位置を揃えないこと。指は手のひらから山なりにカーブを描いて生えている。また手のひらと甲とでは付け根がずれているなど、手の形を理解しておくとも大切だ。（ひら側は指が短く、甲側が長い）
3 指の形が決まったら手を銃に接着する。このとき隙間ができたらシアノンを流して埋めてしまうが、隙間の分、指が太くなるので、シアノンの硬化後に指を削って太さを調整する。先にグリップを握る手を接着し、フォアグリップをつかむ手側は手首の位置に合わせて調整する。
4 指は銃に接着してから表面を仕上げる。写真はスーパースティック砥石で指を削って太さに緩急をつけている。また伸ばしランナーでつくったシアノンを節の上に点状に載せて、節を強調してもよいだろう。戦場では誤射を防ぐために標的に銃口を向けるとき以外はトリガーから指は離しているので、射撃時以外、指はトリガーガードの外に添えている方がそれらしくなる。
5 写真のように指にシアノンを盛ってナイフで削り出せば、さまざまな手に表情を付けることもできる。
6 ただプラスチックのように溶かして表面を滑らかにすることはできないので、丁寧にヤスリがけで仕上げる。

第1章：フィギュアの工作

1-2 インジェクションキットフィギュアのポーズを変える

ダイオラマ作品の構造が複雑になればなるほど、市販のフィギュアのままでは作品にマッチしないことも生じてくる。ここでは市販のキットを改造して作品にマッチするフィギュアの製作法を検証していく

完成した戦車にフィギュアを乗せようとすると「イメージには合うが、ハッチに体がフィットしない」「理想のポーズに近いが緊張感がない」「まさにこれ」と思うフィギュアにはなかなか出会えません。登場する人数の多いダイオラマを作ろうとするとなおさら、組み合わせるとちぐはぐだったり、それぞれのもつ雰囲気は良いものの、全体に抑揚がなくなる場合があります。

今回のようにダイオラマありきでフィギュアを探すとポーズやフィギュアの持つ雰囲気によって非常に多くの制約が生まれ、形にならない場合がほんどです。またフィギュアのポーズに引っ張られてストーリーが変わるのも悪くはありませんが、自分でほしいポーズに改造できるほうが当然ながら表現の幅が広がります。

左の写真は同じフィギュアをそれぞれに改造したものです。このようにフィギュアの腕や首の向きを変えるだけで自分の欲するポーズのフィギュアにすることができるのです。

1-2-1　銃を持ったポーズを再現する

歩兵の装備品の多くは腰周りに集中します。インジェクションキットのフィギュアでは弾薬帯や水筒、雑嚢などのボリュームのある装備を取り付けるために、脇の空きが気になることがよくあります。重い物を持ってみると腕と体の距離は狭まります、脇を閉めた方がさまになり、さらに銃の重さも感じられるのでキットを組み立てるときは銃の重さを意識しましょう。脇が空いてしまう場合は擦り合わせて干渉部を削ってフィットさせてから接着します。

■1 まずはキットを仮組みしてポーズをチェックした後に、写真資料を参考にしながらポーズを煮詰めていく。腕をブルタックで仮留めしてイメージするポージングを作って、切断する関節を確認する。
■2 はじめに腕を所定の位置に瞬間接着剤で仮止めし、肩に可動軸を打つための穴をピンバイスで開口する。
■3 開けた穴に、焼きなました0.6mmの真ちゅう線を差し込んでから、肘の下から可動軸用の穴を開ける。
■4 次に曲げる関節を切断するが、ここでは「ハイパーカットソー」を使用する。フィギュアのポーズを変えるためにパーツを切断すると、刃の厚み分パーツが短くなる。その縮んだパーツを使ってフィギュアを組み立てるとどうしても骨格のバランスが狂いやすい。「ハイパーカットソー」は刃厚が0.1mmで切れ味も良く、パーツの縮みがわずかで済む。
■5 開口した穴に瞬間接着剤を少量流してから、真ちゅう線を通して前腕を差し込む。肘はひねりと同時に少し開きたいので上腕の肘をカットした。
■6 加工が済んだ腕は胴体に差し込んでポーズを調整する。両手で銃を持つポーズのフィギュアを多数登場させる予定なので、ここでは変化を付けるために給弾している状態に変更する。M1ガーランドは途中で給弾できないので、直前まで銃撃していた説明にもなり、緊張感も出る。この立ち膝ポーズのフィギュアはこの姿勢でOKとし別途仕上げる。

14

完成 正面

完成 背面

7 もう一体、銃を両手で抱えるフィギュアを改造する。これは脇が空いているせいで銃の位置がしっくりこないので、腕の整理も兼ねて銃を下げたポーズを付けた。ポーズが決まれば隙間にシアノンを流して腕を固める。

8 シアノンが硬化したら表面を削って継ぎ目を仕上げる。腕の付け根や脇周りにはサスペンダーによる食い込みと、脇を閉めることでこまかいシワが集中する。セラミック刃のマイクロフィニッシュやチゼルなどを使って、脇の中心から外へと延びる大小のシワを追加する。

9 シワの彫り起こしには前述したマイクロフィニッシュをよく使うが、プラスチックの切削時には刃先をエナメル溶剤に浸してから使えば、プラが少し溶けて削りやすい。こまかいシワの彫刻時に有効だ。

10 袖の縫い目はエッチングソーを使ってスジ彫りを入れる。ここにスジを入れると別パーツ感が出ると同時に、塗ったときにシェードが入るので密度が増す。

11 12 銃口を下に向けたローレディーポジションは味方への誤射を防ぎながら即座に射撃することができる姿勢だが、模型的に見れば銃の重さを感じさせるポーズでもある。接着前なので左手首がズレているが、キットにはないポーズなので新鮮に見える。

フィギュアの配列は粗密と頭の高さに変化をつける

● 完成したフィギュアの配置を解りやすくするために、別で並べてみる（**A**）。フィギュアを配置するときは頭の高さを変化させると、躍動感が生まれて構図に動きが出る。鑑賞者は変化に敏感で、動きを付けると視線が向く。これらのフィギュアは作品の導入部（物語の始まり）としての役割を持たせるために目立たせる必要がある。そのためオーバーアクト気味に動きをつけてみた。

● 集団はひとつの塊にせず、向かって左の4人と右の2人のグループに分け、大小の塊とすることで疎密を演出した。6人を等間隔で配置すると安定した落ち着いた構図になるが、作品は敵を追撃する戦闘シーンなので、緊張感を出すためにもフィギュアの配置に緩急（大きい塊と小さい塊）を付けたい。

● 銃身と数人の視線を同じ方向に向けることで敵の存在が示唆される。とはいえ6人がすべて同じ方向を向くとクドくなる。そこで手で合図する将校を反対方向に向けると変化がついてリズムが産まれる。またこれは鑑賞者の視線を次へ誘導するための演出にもなっている。結果として横から見るとフィギュアが一直線に並ばないように手前ふたりを後ろに配置した。**B** これにより別方向から見ても構図の動きは止まらない（**C**）。

1-2-2　腕を自作する

フィギュアのポーズを変えるなら、別のフィギュアからパーツをトレードするのがいちばん簡単な方法と言えるでしょう。腕を替えるだけでポーズの幅が広がり、さまざまなシチュエーションに合わせることができるので、いちばん手軽な改造です。とはいえほしいパーツがいつもあるとは限りません。そこで覚えておきたいのが腕の自作の方法。手順を踏めばそれほど難しい作業ではありません。思う関節の場所と長ささえ間違わなければパーツが見当たらなければぜひ試してみることをおすすめします。

1 自作するときに用意しておきたいのが、専門書やインターネットから1/35サイズにプリントした人体や骨格のイラスト。このイラストに合わせると腕や足の長さが確認できるので、工作時は手元に置いて重ね合わせながら作業する。手順としては、まず腕の骨格となる真ちゅう線（0.5mm）を肩に差し込んで骨格イラストをガイドに腕の長さをカット。そして真ちゅう線の先端のにキットの手のパーツを接着する。

2 おもむろに衣服から作ろうとすると、シワの深さが不自然になり骨格が崩れてしまう。腕に限らず足や胴体も自作するときは、必ず芯となる肉体を作ることがいちばん最初の工程になる。芯は硬化の早いセメダインのエポキシパテ木部用を使い、真ちゅう線の骨格に盛りつける。パテの食いつきが悪いときは、真ちゅう線にゼリー状の瞬間接着剤を塗っておくのがおすすめ。

3 硬化したパテをナイフを使って整形する。このアメリカ兵の軍装はHBTジャケットとフィールドジャケットの重ね着なので、腕のラインが見えづらいこともあり、芯は写真のようにざっくり作っておけばよい。ただし生地がうすい服装を製作する場合は、ある程度筋肉による緩急は付けておきたい。

4 このフィギュアは脇を閉めたポーズとするため、衣服の造形後に腕を外して整形しやすくするために、腕の芯を一旦外して脇腹にワセリンを塗っておく。

5 腕を再度取り付けて、エポキシパテを盛って袖を造形する。パテは練った直後のベトつくときに盛りつけるとよく食いつく。

6 パテが柔らかいうちに、水を含ませた筆で撫で付けて腕のアウトラインを出していく。

衣服のシワを考える

シワには尾根と谷がある

シワは、出っ張りと窪みからできている。山地の地形に例えるなら出っ張りが「尾根」で窪みが「谷」になるわけだが、谷の部分が肌に密着し、尾根の部分は肌から浮いている。なのでシワを造形するときは、尾根を全て取ると体の輪郭がでるような形を意識しておくと良い。また尾根の太さは生地の厚みにもよるが、上のイラストのように、谷より尾根の面積が広くなるとシワに見えなくなるので、尾根と谷の割合に注意する。

シワはどうやってできるのか？

シワは大抵の場合「寄る」「引っ張られる」「たるむ」といった3つの要因によってでき、衣服の中身、つまり体の動きがシワを作る。また肩や肘、膝などの、体が出っ張る部分にはシワはできにくい。

- ●寄りジワ…布がある方向から力を受けてだぶつくとシワになる
- ●引っ張りジワ…引っ張る部分を中心にスジ状のシワになる
- ●たるみジワ…重力により布が垂れてシワになる
- ●張る場所…体が出っ張る部分はシワがなくその反対側がシワになる

シワの尾根はX、Y、Uの形を再現する

シワをよく見ると、まっすぐ伸びる尾根は途中、または最後に隣り合う尾根と合流することがわかる。右のフィギュアの尾根を線でなぞるとその合流のせいで、3文字のアルファベットX、Y、Zになっているのがわかるだろうか。この形は生地の厚みに関係なく見られるので、この3文字を意識して尾根を造形するとシワっぽくすることができる。

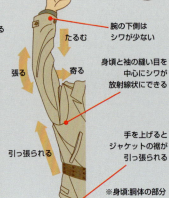

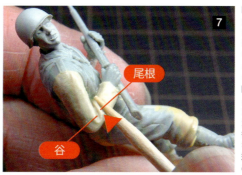

7 パテをしばらく乾燥させてベトつきがなくなってきた頃合いに、表面に爪楊枝やスパチュラを押し付けてシワを造形する。はじめに爪楊枝を押し付けて「谷」を作る。そして谷のとなりに谷を作ると、その間は出っ張るので必然的に「尾根」ができる。布の材質にもよるが、谷は広く尾根は狭く作ると衣服らしさが出てくる。

8 尾根の末端は二股に分かれるか、平行する尾根がひとつに交じわる。つまり尾根は「Y」の字になるように7の◀の部分に爪楊枝を押し付けて尾根の末端をふたつに分ける。以降はこの作業の繰り返しになるが、谷の幅や尾根が分岐する位置に変化を付けながらシワを造形する。また前項の図を参考に、シワのでき方を理解したうえで、実際のシワを観察しながら作業するのもよいだろう。

9 前腕のシワができたら上腕、右腕の次は左腕へと、パテは造形時間に限界があるので作業は一度にすべて行なおうとせず、各部位ごとに行なう。

10 パテが硬化したら不自然なシワを削ったり、部分的に彫って表情を付けたりできるのも、タミヤエポキシパテ 即硬化タイプの良いところ。

11 完成後に見えない腕の内側は必要ないが、奥まって造形しづらいところがあれば、腕を一旦外して仕上げた方が効率がよい。脇腹に離型剤としてワセリンを塗っておいたので、脇にナイフの刃を入れると腕を簡単に外せる。シワの込み入ったところはリューターを使えば仕上げ作業は簡単だ。回転速度を遅くすれば微妙なシワも整形できる。写真で使用したビットはアルゴファイルの砥石（ホワイトアランダム）で円錐状のビットはシワの整形に重宝する。

1-2-3 手首とヘッドの加工

フィギュアの工作は手足の形状が入り組み、かつ微細な作業が多いため、そのままでは作業効率が落ちる場合が多々あります。そこで別パーツにできる箇所は分離させてしまいます。手間はかかりますが作業自体がしやすくなり、破損の心配も減ります。また、各パーツごとに塗装したほうが取り回しがよく、とくにヘッドパーツはヘッドだけで塗装が可能となります。塗装が済んだら組み立てます。

1 手にしっかりと銃を握らせるために、最初に手と銃を接着する。

2 次に手と銃は固定したまま袖口からエッチングソーでカットする。続いて各指の間にナイフで切れ込みを入れて指を銃にしっかりと握らせ、指に表情を付ける。手は単体で作業するとむずかしいが、銃と一体だと作業もしやすい。

3 袖口をリューターでくり抜く。袖のなかは腕の芯として真ちゅう線が入っているので、超硬カッターのビットで、低速で少しずつ穴を開口する。さらに袖の中心にピンバイスで0.6㎜の穴を開ける。

4 手を取り外せるように袖内にワセリンを塗る。

5 銃を接着した手に0.5㎜の真ちゅう線を差して、手首に差し込めるように加工する。袖口にエポキシパテを詰めて、手を袖口に差し込む。

6 手首のパテが硬化したら手を外して、手首の周りにはみ出したパテをナイフで削いで手首を造形する。袖口にシアノンを使わなかったのはエポキシパテの方が柔らかく硬化後に袖から抜きやすいため。

7 首とフィールドジャケットの襟周りに、インナーの前立てとなるラインを入れる。続いて前立てのラインの左右にスパチュラを押し当てて「ハの字」に型を付ける。

8 前立てのラインから首筋にスパチュラを差し込みパテを外側にめくる。

9 襟の中心にスパチュラを突き刺してから、そのまま上に持ち上げて襟山を立てる。なお襟の閉じ開きでフィギュアの個性や、ダイオラマの気候を説明する演出にも使える。

10 襟の外側をスパチュラで押し当てて形を整える。また前立ての表面をスパチュラでていねいに整えて、下前立てを押込んで上前立てが被さるように段を付ける。

11 人の首は頭を横に向けると、胸鎖乳突筋が浮きでる。襟のパテが硬化したら、耳の後ろから首元にかけて糸状に伸ばしたパテを貼り付けて、筋肉の筋を付けておく。

12 パテの硬化後にヘッドパーツを一旦取り外し、デザインナイフやリューターを使ってパテの表面をヤスリで仕上げる。襟のような細かい入り隅は、リューターを使えば早くきれいに仕上げることができる。ビットは円錐状の砥石やゴムを選び、ここでも低速でていねいに研磨する。

1-2-4　2体絡んだフィギュアを作る 1

●ダイオラマのセオリーとして、ベース上に配置する要素は疎密を付けるとされていますが、フィギュアを「密」に配置すると隣り合う身体が触れてしまうこともあります。ある程度の「密」なら並べるだけで構いませんが、密着させる場合には先にパーツ分割を行なうことで、工作やのちの塗装工程で効率化が計れます。これは接着部の強度を増す意味もあります。
ここではそんなフィギュア同士が絡んだシーンを再現するときの、製作のコツを紹介したいと思います。

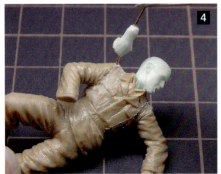

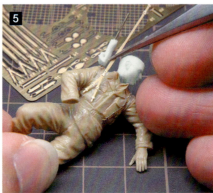

❶写真はマスターボックス製フィギュア「米・歩兵4体・1944年6月・負傷兵救出」を素組みした状態で「負傷したライフル兵を射線から引きずり出す衛生兵」といったところだろうか？ いままでにないシチュエーションをインジェクションフィギュアにしたこの商品は、賞賛に値する。ただ、2体の接着部が手首とサスペンダーのみというのはかなり無理がある。また衛生兵の右腕→手首→負傷兵のサスペンダー→肩の軸が通ってないことや、負傷兵が地面にフィットしていないことなど少し気になる点もある。
❷本作に使うために負傷兵は、右上腕の付け根の角度を修正してバズーカを持たせてみた。また2体をそのまま接着すると塗りづらく、そして強度的にも不安が残るので、気になる点を改修しつつ、仕上げたのがこの状態。負傷したM1バズーカの射手は、護身用の拳銃だけの軽装備でもよかったが、記録写真を参考にM1カービンを持たせている。（現状では取り付けていない）そして装填手は携行バッグ以外はM1ガーランドの射手と同じ装備ながら、スコップは柄をカットしてホルダーだけぶら下げた状態を再現。格闘戦で使用するが、戦闘時に邪魔で外したのか無くしたのかは解らないが、記録写真で見つけた状態を再現した。
❸この2体を作るにあたり、はじめにキットの通り組み立てて、気になる点を洗い出す。
❹組み立てたフィギュアから改修点を確認し、2体の接点を補強する。まずはバズーカの射手（負傷兵）の肩に装填手の右手を真ちゅう線を通して固定する。そして装填手の右袖に2体を繋げる穴を開口する。
❺キットのサスペンダーを装填手が掴めるようにモールドを一旦削ぎ取って、パッションモデルズのエッチングのサスペンダーを取付ける。
❻写真❶と比べると、装填手の右腕からサスペンダーが一直線に揃い、射手を引っ張る力が感じられるようになった。また装填手は姿勢を若干前傾させ、M6ロケット弾の携行バッグを担がせた。

ヘッドパーツを変えるときの注意点

●人の首は体に棒のように刺さってはいない。横から見ると若干斜めになっていて、その後ろに僧帽筋が覆っていることを意識しておこう。
●ヘッドパーツを変えたときの失敗例としてよくある間違いがAの首が長い場合。ヘッドパーツは干渉するところを削ってしっかり入れる。胴体に差し込むときは、服の中の体（B赤い線）をイメージすると間違いにくい。
●左にの図でも触れているが首を曲げるときは角度に注意。首はCのように90°には曲がらない。あと曲げるときは、体の軸がぶれないようにする。頭の真ん中から頸椎に芯が通ってるような（D）イメージで曲げる。

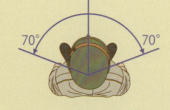

▲人が曲げられる首の角度は中心から約70°まで。肩とは平行に曲がらない。ただしそれ以上曲げたいときは腰から上（上体）を視線の方向に振ってみよう。大抵の場合は首だけ曲がるのではなく、上体も視線と同じ方を向く。

1-2-5　2体絡んだフィギュアを作る 2

●作品の緊張感をさらに高めるために、先の工程に続いてもう1体、負傷兵を追加することにします。ただひとりだけでは見た目の印象が弱いので、傷口を押さえて介護し「メディ〜ック！」と叫ぶ兵士を絡めてみます。この2体は密着しているため、このまま接着してしまうと、塗装はおろか工作の仕上げもままなりません。ここでは2体の密着度を上げながら、さらにそれぞれ別作りで仕上げることができるように、分離を考慮した作り方を紹介します。

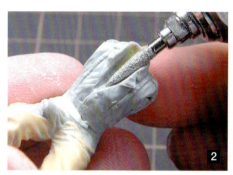

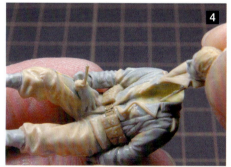

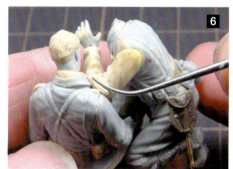

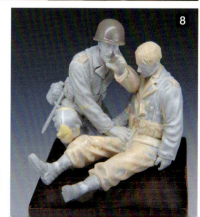

A 密着したフィギュアの例。負傷した戦友を肩に担いで退避するフィギュアを素組みした状態。緊張感が伝わる凝ったポーズではあるが、2体の合わさりが部分的にあまいので、負傷兵の重みがあまり感じられない。

B この場合、まず意識するのが、2体が重なる部分は互いの服が無いような、肌が触れるように密着させることだ。特に囲みⓐの部分は負傷兵の体重がいちばんかかる場所なので、2体の重なりは隙間がないようにしたい。また囲みⓑの手がズボンに食い込むような力が感じられる演出は外せない。最後に囲みⓒの手をしっかり掴ませることでホールド感が伝わる以外に、心情的に絆を感じさせる部分でもある。

1 こちらは本編に登場させるフィギュアの作業。負傷兵は、はじめに寄せ集めのパーツを組み合わせて座ったポーズを作る。足は素体を作ってからパテでズボンを再現する。ただし撃たれた左足の太ももにはパテを盛らずに空けておく。負傷兵の足の上に、付き添いの手のひらを接着し、チゼルで整形して表情を付ける。

2 負傷兵らしさをだすために胸元をはだけた状態にする。ジャケットの前立てを中心にリューターを使って彫り込み、その縁に新たに襟や前立てを造形する。はだけた雰囲気をだすために部分的にジャケットの裏地を出し、前立てはヨレた感じにする。

3 彫り込んだ胸にワセリンを塗布してからエポキシパテを盛りつける。そこに真ちゅう線を通したヘッドパーツを首に差しこんで、インナーのウールシャツを造形する。

4 盛り付けたパテが硬化したら、一度外してインナーを整形する。

5 付き添う兵士は、以前作ったフィギュアを元に、負傷兵にあわせて両腕を作り替えたもの。通常、服を着た者同士が密着すると、服を通して互いの体が密着する。しかしプラスチックのフィギュアを同じように密着させても、互いのシワのモールドが触れるだけで、実際の人のように密着しない。そこで前述したように、かさなる部分のモールドを削って体を露出させ、互いの密着度を高めてやる。写真は2体を擦り合わせて密着する部分にアタリを入れているところ。（左の肘と右足のすね）この後アタリを目安にディテールを削って簡単な素体にする。なお本来はパテが柔らかいうちに接点に押し付けて密着させる。

6 シワのモールドを削って密着度を高めたら2体を仮止めして接点の隙間にエポキシパテを詰める。このときどちらかの接点にワセリンを塗り、あとから分離できるようにしておく。

7 パテが硬化したら、分離してパテ盛りした所を仕上げる。この2体は付き添う兵士の右手首で分離するようにした。

8 当初、負傷兵はP18のバズーカの射手のみで考えていたが、ひとりでは緊張感が足りなく感じたのでこの2体を追加した。これは主観だが、ダイオラマに配置する負傷兵にスプラッタ的な表現を加えると下品になりやすい。露骨な血の描写を品良くまとめるにはそれなりに表現力が必要だ。作例では、ズボンを大きく破って深い傷を負った状態にしているが、介護する兵士の手と腕で傷口を隠すように控えめにしている。負傷兵や死体はあまり気持ちのよいものではない。とはいえそれらが一切登場しない戦争映画が無いことからも、戦場を表現する上では外せない要素でもある。負傷兵や死体は不可欠とまではいわないが、それらの存在は強く、作品に緊張感を与えたいときは非常に高い効果が得られる要素だといえる。

第1章：フィギュアの工作
1-3 フィギュアを自作する

ダイオラマ製作では、どうしても市販のフィギュアだけでは充分な演出ができない場合が多い。そういったときにはシチュエーションにあったフィギュアを自作する必要がある。全身をゼロから自作するだけでなく四肢の一部だけを作り起こすだけでも非常に効果的だ

▲◀フィギュアを自作することができれば、シチュエーションや配置場所などに合わせた、理想のポーズでストーリーを展開することができる。

ここではフィギュアの自作方法について取り上げます。自作となると難易度が高く、「自分には縁がない」と思うかもしれません。しかし骨格からヘッドパーツまですべて自作するのではなく、既存のキットを素体にして、そこに衣服をモールドしていくことで俄然ハードルが下がります。服装やディテールは部分ごとに作ります。一度にすべてやろうとするから難しいのであって、部分ごとにひとつずつこなせばよいのです。

注意するのは全体のバランスです。人は人間の形を理解していなくても不自然な所はすぐに分かります。第4章でも述べるように、製作途中に対象を離して見る、鏡に映して見る、日を改めて見るなどすると客観視でき、不自然なところがすぐに分かります。■

1-3-1　上半身を自作する

腕と肩の関係

●インジェクションキットのフィギュアは、腕を取替えるだけで手軽にポーズを変えることができる。ただ写真右のように、下げた状態の腕を強引に上げることはできない。人の腕はロボットのように腕の付け根を中心に曲がらないので、フィギュアの改造で腕を平行より上に挙げるときは腕の角度に注意したい。人の腕をピンと垂直に挙げると、鎖骨と肩甲骨が連動して動き、腕の付け根が斜め上にスライドする。裸の状態でいえば、腕は首の付け根から動き、上腕と顔の間隔は狭くなる（左図）。したがって写真右のように、腕の付け根と肩の角度が直角に折れ曲がることはありえない。

🅐パン屋の入り口で衛生兵を呼ぶ兵士をBAR（ブローニングM1918自動小銃）の射手を使って改造する。BARは分隊支援火器なので戦闘シーンのダイオラマならば射撃の構えは捨てがたい。とはいえ右手を挙げたときの腰の傾きがちょうど良かったのと、よく目立つ場所に配置されているので改造のベースにした。このフィギュアの腕は首元から動くからといって、肩周りのみ加工すれば良いというものではない。右手を挙げることで右胸も上へ挙がり、それとは反対に左肩が下がる。そして右手を挙げれば袖が上へ引っ張られて、シワの動きも右上から左下に流れる。腕を下げたポーズから挙げた状態に改造するときは、🅑のように服モールドをすべて削って、裸の素体から作る方がよい。

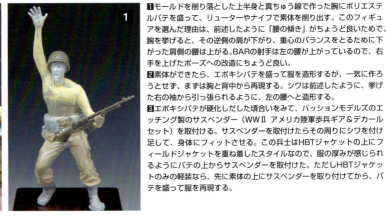

1 モールドを削り落とした上半身と真ちゅう線で作った腕にポリエステルパテを盛って、リューターやナイフで素体を削り出す。このフィギュアを選んだ理由は、前述したように「腰の傾き」がちょうど良いためで、腕を挙げると、その逆側の肩が下がり、重心のバランスをとるために下がった肩側の腰は上がる。BARの射手は左の腰が上がっているので、右手を上げたポーズへの改造にちょうど良い。

2 素体ができたら、エポキシパテを盛って服を造形するが、一気に作ろうとせず、まずは胸と背中から再現する。シワは前述したように、挙げた右の袖から引っ張られるように、左の腰へと造形する。

3 エポキシパテが硬化しだした頃合いをみて、パッションモデルズのエッチング製のサスペンダー（WWⅡ アメリカ陸軍歩兵ギア＆デカールセット）を取付ける。サスペンダーを取付けたらその周りにシワを付け足して、身体にフィットさせる。この兵士はHBTジャケットの上にフィールドジャケットを重ね着したスタイルなので、服の厚みが感じられるようにパテの上からサスペンダーを取付けた。ただしHBTジャケットのみの軽装なら、先に素体の上にサスペンダーを取り付けてから、パテを盛って服を再現する。

4 胴体のシワが完成したら、スポンジヤスリで表面とシワの形を整えて首周りのディテールを造形する。はじめに下に着用したHBTジャケットの襟を作り、次にその上にフィールドジャケットの襟を作る。服の造形は下に着たものから順番に、上へ上へとディテールを再現していくと作りやすい。襟の形が整ったら、襟の輪郭に沿うようにデザインナイフの刃を押し当てて、縫い目を再現する。

5 胴体が完成したら腕を造形する。はじめに右手首の袖口からはみ出たHBTジャケットの袖を作ってから上着の袖を造形する。腕を挙げたときのシワは、上腕の内側から脇へ流すと雰囲気がでる。腕を挙げると袖が下がるので上腕に布が溜ってシワができるが、前腕部はシワを浅く量も少なくする。

6 エポキシパテでシワを造形するときは、スパチュラや爪楊枝を押し当て再現する。手だれの造形師なら「造形後にパテの表面を溶剤で均して完成」というところだが、パテの造形に慣れていないとそううまくはいかない。5 はスパチュラでシワを付け終わったときに撮ったもので、この状態からパテを硬化させ、リューターやスポンジヤスリでシワの形を整えて仕上げたのがこの状態。シワの深さに強弱がつき、形が滑らかになっているのが解るだろうか？ タミヤのエポキシパテ「速硬化タイプ」は密度が高いので、切削後は表面が毛羽立つことなくキレイに仕上り、硬化後に盛り削りをしながら理想の形に造形することができる。

7 腕を挙げたときにヘルメットの縁に当たってズレた状態を再現し、腕に動きと勢いをつけてみた。エポキシパテで右前部の頭髪を再現し、パテが乾燥する前にヘルメットを被せて型をつける。使用したタミヤのヘルメットは内側をリューターでくり抜いてから、取り外しできるように離型剤としてワセリンを付けて頭に被せた。このフィギュアは背中を造形したときに建物に押し付けてフィットさせているが、腕と顔が完成してからフィッティングを確認した。今ひとつ納まりが悪いので、のちに背中を削って微調整する。

8 完成したBARの射手。レジンキットにもあまりないポーズなのでよく目立つ。

1-3-2 キットの一部を使いながら全身を自作する

負傷兵のもとへと走る衛生兵がほしいので、マスターボックスのフィギュアセット「アメリカ軍兵士 オーバーロード作戦」から、M1カービンを持つ下士官（走る衛生兵）2 をもとに走るフィギュア 1 を自作します。走る衛生兵も恐らくキット化されておらず自作するしかありません。ただ原型を留めないように多少の調整をしながら仕上げます。一見、原型はあるので多少の調整をしながら仕上げますが、これは踏み出す足と胸元のディテールを作り直したためで、大改修はしていません。

3 フィギュアの胸にある弾薬ポーチ取り付け用のダボを埋めるついでにディテールの作り替えも兼ねて、胸に大まかにポリエステルパテを盛りつける。

4 ざっくりとパテを削って上着のシルエットを出してから、胸の中心に前立てをケガく。つづいて襟→シワの順にマイクロフィニッシュやチゼルなどでディテールを彫る。最後に表面をスポンジヤスリで仕上げる。

5 単純に両手を振って走るポーズではおもしろさに欠けるので、記録映像などで見られるヘルメットを手で押さえて走る姿を再現する。作業の手順は、はじめに胴体に顔とヘルメットを仮固定し、ヘルメットを持つように、腕の骨格を真ちゅう線で再現する。流用した手のパーツは指の間にナイフで切れ目を入れて、ヘルメットの丸みに合わせて指を曲げヘルメットに接着する。

6 足は股、膝、くるぶしを一旦カットして動きのあるポーズを再現する。作業は写真のように木片に固定し、理想のポーズを目指して少しずつ関節の角度を変えていく。疾走感と緊張感が増すように、普通に走るよりオーバーアクトぎみに上体を前傾させてみた。

スピード感のあるポーズを選ぶ

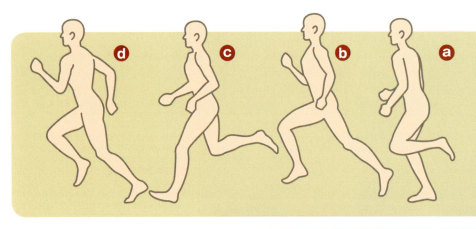

●走るフォームをイラストで描くと、図ⓐ〜ⓓのような流れになる。ここで製作中の衛生兵とライフルは、踏み込む足は左右違うが、どちらもⓒの状態なので、一緒に並べると野暮ったく見える。そこでスピード感があるⓓの状態を再現することにした。ちなみにⓑは宙に浮いた状態なので再現しにくく、ⓐは動きが弱いので今回は避けた。疾走するフィギュアは大抵、ⓒかⓓのポーズになりがちなので、ダイオラマで複数体使うときは動きが同じにならないように気を付けたい。

⑥腕や足のポーズは、緩やかな角度で1〜2カ所ほどの変更なら、隙間をパテで埋めながらシワを繋いで処理することができる。ところが作例のようにバラバラにしたものを繋ぎ合わせると、骨が狂って不自然なポーズになりやすい。そこで手間ではあるが、ディテールを一旦削り落として素体を作ってから、その上に服を再現することにした。写真はポーズが決まってから関節を瞬間接着剤で固定し、関節の隙間にポリエステルパテを詰めてから、素体をナイフで削り出している状態。

⑦左腕の骨格として肩に差し込んだ真ちゅう線に、ポリエステルパテを盛って腕の素体を製作する。

⑧足の素体ができたらズボン→フィールドジャケットの裾の順番で造形していく。ジャケットの裾にはパテが硬化する前に、水筒とキャリングポーチを押し付けて身体にフィットさせておく。水筒とポーチはディテールのメリハリが効いた、ドラゴンのGen2シリーズのパーツを使用した。衛生兵は治療にも使用するため水筒をふたつ装備しているが、後方任務の場合はひとつ、あるいは装備しない兵士も見られる。

⑨下半身のディテールが完成したら作り起こした左腕を仕上げる。上衣は前線の雰囲気が出るように、他の兵士と同じM41フィールドジャケットを再現したが、記録写真を見るとウールシャツの衛生兵もよく見られる。※足や腕の造形の仕方はP.12で詳しく解説したので、ここでは割愛させていただく。

⑩メディカルポーチを装備するための専用サスペンダーを再現する。まずは資料写真を確認しながらサスペンダーのアウトラインをペンで描き込む。

⑪ペンで描いたアタリの上にエポキシパテを盛ってサスペンダーを造形する。作例では見せ場になるようにサスペンダーを着用し、そこにメディカルポーチをふたつぶら下げた。ただしメディカルポーチをひとつしか持たない軽装の場合は、ポーチにキャンバススリングを付けて肩から斜め掛けするようなので、サスペンダーは使わない場合もある。

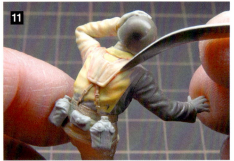

ポリエステルパテで造形する

▲ポリパテは盛りつけたあと、ナイフで切削して形を整えるのが一般的だが、盛り付けた表面にスチレンモノマー(ポリパテ希釈剤)を含ませた筆でならしながら造形することもできる。優しく筆を動かして、パテの表面を突いたり伸ばしたりしてシワの形を整える。ラッカー溶剤でも代用できるが、硬化後にひけやすい。

▲ポリパテは硬化時間が早いので、硬化前の整形はしにくい。ただ主剤に希釈剤のスチレンモノマーやラッカー溶剤を混ぜれば、粘度を緩めたり、硬化スピードを遅らせることができる。またマイクロバルーンを入れてボリュームをだしたりと、混入するものによって性質を変えられるのもポリパテのメリットでもある。

●フィギュアを造形するときに代表的な素材といえば、本作でも度々使用しているエポキシパテと、ここで紹介するポリエステルパテ(ポリパテ)のふたつが挙げられる。その昔、ポリパテといえば、カー用品店で売られる板金用の物が使われていたが、最近は各模型メーカーから粘度や密度の違いがある様々な商品が店頭に並び、入手しやすく手軽に使えるようになった。

●ポリパテは主剤に硬化剤を混ぜ、商品によって違いはあるが、およそ5〜10分で硬化がはじまる。そして20〜30分で切削ができる状態に固まるので、作業効率を上げたいときにはちょうど良い。造形は完全に硬化する前が切削しやすいので、先に荒削りで形を出してから表面を仕上げると効率が良い。

●硬化したパテはキメがこまかく、ヤスリで丁寧に処理すればキレイな表面に仕上げることができる。なおパテ自体が緩いので布や肌といった柔らかく曲線のモチーフの造形に適しているが、しっかりと面を出せば硬質な物も作ることができる。

●混ぜ合わせてから硬化後もしばらく強い溶剤臭を放つので、作業時は必ず換気とマスクを着用しよう。

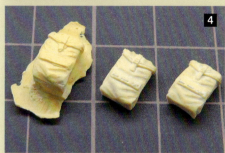

ポリエステルパテを使った簡易複製

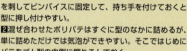

●メディカルポーチはドラゴンのフィギュアセット「ライン川進撃作戦」のパーツを流用する。はじめにキットの縫い目やシワを彫り込んで、ディテールアップを済ませておき、ポリパテを使って複製する。ここでは複製を含めて、メディカルポーチの装備の仕方まで、工程を順に追って解説しよう。

①複製に使う型には「ブルーミックス」を使用する。白と青色のパテ状の素材を1:1の割合で練り合わせ、原型に押し付けてから約30分で硬化して、ゴム型として使用できる。練り合わせてからおよそ1分45秒で硬化しだすので大きな原型には向かないが、小物の複製には作業が早く重宝する。写真は瓶の内ぶたに詰めたブルーミックスの上から原型を押し付けた状態。原型には真ちゅう線を刺してピンバイスに固定して、持ち手を付けておくと型に押し付けやすい。

②混ぜ合わせたポリパテはすぐに型のなかに詰めるが、単に詰めただけでは気泡ができやすい。そこではじめにパテをゴム型の内側に擦りこんでおく。

③型のなかにパテを詰めたら、型を小刻みに叩いて型内にパテを行き渡らせる。すると表面が滑らかになってくる。

④パテが硬化したら、型から複製品を取り出してバリをキレイに整形する。ブルーミックスとポリパテを使った型取りなので複製品のディテールは若干あまめなのはしかたがない。とはいえチゼルやエッチングソーでディテールを彫り、表面もスポンジヤスリで研磨すれば写真のように仕上がる。

⑤メディカルポーチをサスペンダーに引っ掛けるベルトを作る。ベルトはシート状に平らに伸ばしたデューロパテを短冊にカットしたもの（P78で解説）。そこにアベールのエッチング製のバックルと茄子環を通して再現する。

⑥複製したメディカルポーチを左右の腰に固定してベルトで繋げるが、このとき注意するのはベルトの張り。ポーチはサスペンダーに吊るされた状態なので、ポーチの重みが感じられるようにベルトをピンと張っておく。

①完成した衛生兵。上体をやや前傾させて疾走感を出してみた。これは負傷者を手当しようと急いで駆けつける演出でもあるが、敵弾に当たらないよう上体を低くした様子でもある。衛生兵はジュネーブ協定で保護対象となっているが、戦場では当然誤射もあるわけで危険度はほかの兵士と変わらない。ただ実際には標的にされることもあり、姿勢を低くすることで敵弾を想像させる効果を狙ってみた。

②銃を持たずにメディカルパックと水筒をふたつ装備した姿は、ほかの兵とはひと目見て違う雰囲気が漂うキャラクターだ。作例では一般兵が装備するサスペンダーM1936を付けているが衛生兵はあまり使用しない。

③④同時に作った小銃手の素組みと改造例。素組みと比べると上体を倒すことで疾走感が出ているのがわかるだろうか。ほかの小銃手と同じポイントでディテールアップしているが、注目してほしいのはフォアグリップを持つ左手にクリップ（挿弾子）を持たせている点。射撃途中に追加装弾がほぼできないM1ガーランドらしい演出として、新しいクリップをすぐに装填できるように持たせてみた。なのでこの兵士の銃の弾倉は弾が少ない状態ということになる。見落とす程小さな演出だが、気付いた時に「おっ！」と思わせる遊びでもある。余談になるが、新しいクリップに早く装填したい場合は弾倉内の残弾を適当に撃ち尽くす「ムダ撃ち」をする場合もあるそうだ。

⑤完成したフィギュアをベースに配置した状態。ジオラマに走るフィギュアを配置すると、絵に動きが出て作品に躍動感が生まれる。また効果的に使えば、鑑賞者の視線を誘導することもできる。この作品ではカフェからパン屋へとストーリーの流れを作るために衛生兵と小銃手を走らせた。本来ならシトロエンとⅣ号戦車を遮蔽物にしゃがんで行くところだが、絵の見栄えと動きをだすために派手めの演出を入れてみた。

1-3-3 キットを芯に全身を自作する

ダイオラマを作るときに、自分が思い描くシーンにピッタリとハマるフィギュアがないという経験はダイオラマビルダーなら誰でも一度はあると思います。立射姿勢や座って休憩するなものはダイオラマならまだしも、ここで解説する左撃ちの立射のようにレジンキットでも製品化されることがないようなものは自作するしかありません。

その場合もなるべく既存のパーツを利用し、なるべく省力化を心がけます。大切なのはいちどにすべてを作ろうとしないこと。ディテールは体に近い所から上へ上へと造形する。部分ごとに作る、などです。

ここでの行程でやることはこれまでと同じ。数をこなせばその分うまくなるので、経験することが大切です。

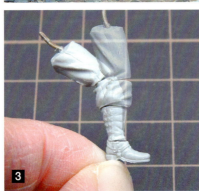

1 カフェの角から立射する兵士の身体が壁からはみ出て、敵から丸見えになっている状態は、製作当初から気になっていた。通常このような場面では、左撃ちの得意な者か左利きの射手が担当するそうで、作品にも取り入れることにした。とはいえ左撃ちのフィギュアが販売されているはずもなく、建物とのフィッティングも考慮して自作することにした。

2 左撃ちは足のスタンスも反対になり、右撃ちの下半身は使えない。そのため足から自作することになるが、なるべく工程数を減らすため動きの少ない立ちポーズの足を利用することにした。足は膝と足首でカットして（使用したキットはレギンスが別パーツになっている）ピンバイスで穴を開けて真ちゅう線を通す。

3 足の芯にはピンバイスで1.2mmの穴を開け、0.8mmの焼きなました真ちゅう線を通しておく。足に開けた穴の径を大きくしたのは、軸に遊びを持たせて微調整をするため。また足のパーツはひかがみ（膝の裏）をクサビ状に切り込み、写真のように自由に曲げられるようにした。

4 完成した足は別に作った胴体に差し込んで固定する。このとき人体図を下に敷いて各部位の長さや関節の場所を確認しながら作業するとバランスが崩れ難い。また腕は「1-2-2 腕を自作する」での作業と同様に、人体図に合わせた真ちゅう線を差し込み、キットから流用した手のパーツを取り付けておく。作例の胴体は胸と腰が一体になったパーツを使用したが、本来なら胸と腰も真ちゅう線で繋いで可動できるようにした方がポーズを付けやすい。

5 素体ができたら銃を構えさせて射撃のポーズを付けるが、このとき手に銃を接着しておくとポージングの際に形にしやすい。続いてフィギュアをダイオラマに配置して壁にフィットするようにポーズを調整する。なおフィギュアの芯には焼きなました真ちゅう線を使用したが、これにより関節が簡単に曲がり楽にポーズを付けることができる。

6 ポーズが決まったら、流し込みタイプ瞬間接着剤で関節を固定してポーズを固める。そしてリューターを使って服のモールドを削り落とし、関節の隙間や腕の芯にした真ちゅう線にポリパテを盛る。その後パテが乾燥したらナイフやリューターを使って身体の形を削り出す。このときも人体図に照らし合わせながら盛り削りを繰り返して素体を整形する。

7 素体ができたら胸と背中に中心線をペンで引く。またフィールドジャケットの裾とベルトのアタリも描き込んでおく。次にパッションモデルズの「WWIIアメリカ陸軍歩兵ギア&デカールセット」に入っているエッチング製ピストルベルトを腰に巻き付けて固定する。さらにその上に、ドラゴンのGen2シリーズからM1ガーランドの弾帯と、マスターボックスのキットから流用した医療品のキャリングポーチを接着。最後に片足ずつエポキシパテを盛ってズボンを再現する。ズボンのシワは股を中心にシワの流れを作り、レギンスで縛られた裾にシワを溜めると雰囲気が出る。またポーズにもよるが、太ももの正面のシワは少なくし、裏側は多めに付ける。

⑧ズボンを仕上げたらフィールドジャケットの裾を造形する。はじめに腰の周りにパテを盛り、裾の形にスパチュラーを使って成形する。パテは薄く伸ばし過ぎるとフィールドジャケットの雰囲気を損ねるので、若干厚みを持たせて造形する。またベルト周りにはこまかなシワを付けて、ポーチが食い込んだように服にフィットさせる。

⑨次に胸と背中を造形するが、まずは造形の邪魔になる銃を手首から切り外す。造形の行程はBARの射手と同じだが、ポーズが違うのでシワの付き方も同じではない。具体的には左腕を胸に寄せることでできるシワを左脇に集中させるのだが、シワの造形はライフルを構えた写真をいくつか用意して、それらを鏡像反転してプリントし、そのなかから抑揚の付いたシワを選んで造形した。

⑩胴体の造形が済んだら襟の再現へと行程を進める。襟はそのまま造形しても良いが、左腕が邪魔になり作業がし難いので、一旦腕をカットしてから襟を造形する。また腕を取ったついでに胸の表面をスポンジヤスリで仕上げておく。

⑪左腕を再度取付けてから服を造形する。左腕は上腕が90度曲がり、前腕はさらに深く曲がる。またストックが肩の付け根に食い込んで腕の内側にはこまかいシワが幾つも入る。シワが造形できたら先に取り外した銃のストックにワセリンを塗り、銃を腕に取付けると同時にストックと肩の付け根をフィットさせる。

⑫右腕は前腕を壁に密着させるので、腕の内側を中心にパテを盛る。シワが造形できたらパテが柔らかいうちに前腕を壁に押し付けて腕と壁を密着させる。

⑬全体の形ができたら、ディテールを再現していく。ズボンのポケットは、はじめに適量のパテを太ももの付け根あたりに盛りつけて、表面のベトつきがなくなるまでパテを硬化させる。

⑭ポケットの縁に少し厚みを持たせたら、残りのパテは縁とは反対方向に伸ばして馴染ませる。最後にポケットの縁にデザインナイフを押し付けて縫い目を再現する。なお左のポケットは目立つので、物を入れて膨らんだ状態を再現した。この手の演出は軍装の使用感をだすのに効果的だ。

⑮シワを造形した後にリューターやスポンジヤスリで整形するが、ついディテールを削り過ぎてしまうことがある。写真は背中の整形時に削り過ぎて、アクションプリーツが消えかかり、さらに右腕を挙げたことで浮きでた肩甲骨の膨らみも弱くなったので、パテを盛って修正する。

⑯シワは整形時に削り過ぎることもある。そこでシワの谷のみ仕上げたいときは爪楊枝を使うのがお勧め。使い方は簡単で、写真のような普通の爪楊枝の先端でシワの谷をゴシゴシと擦るだけ。強く力を入れて擦ると表面が滑らかになる。

⑰M41フィールドジャケットは胸の下あたりに「ハの字」状のポケットがつく。これを再現するには縫い目と同様にエッチングソーで彫刻しても良いが、シワが邪魔で彫り難い。そこでタガネの刃先を突き刺して、ポケットの縫い目を再現した。タガネの幅はポケットに合わせて選べば、ひとつの縫い目をひと刺しで再現できる。

⑱完成したフィギュア。ボタンはP11で紹介した、ビーディングツールで打ち抜いたブラシートを使い、袖とジャケットの裾にあるフラップは、薄く伸ばしたデュロパテで再現した。背中もよく目立つので丁寧に仕上げたが、壁と向かい合う右側面は見え難いのでざっくりとそれらしく仕上げた。M1ガーランドはドラゴンのGen2シリーズのパーツを使い、銃口には真ちゅうパイプと銅板で榴弾発射機を取付けて、市街戦らしさを演出した。❶と比べると、身体が隠れることで緊張感が増し、この場所に合わせて作ることで建物によくフィットしている。さらにできるだけ壁と身体が近づくように壁に取付けた雨樋のほうも部分的に切り取った。切った雨樋は後で壊れたように加工して壁に取付けて辻褄を合わせる。

第1章：フィギュアの工作
1-4 ディテールアップと仕上げ

キットのフィギュアを使用しても、フィギュアを自作した場合でもディテールアップは必須の工程といえる。やみくもに作り込むのではなく、使うマテリアルや工具をそれぞれ適したものを用いることによって、適切に表現することができる

◀フィギュアのディテールアップはベルトの表現がキモになる。削って食い込みを再現する以外にも、末端をめくって別パーツ感をだしたり、バックルやナスカンを追加して精密感を与えたりと、足していくと密度が増す。

フィギュアもAFVと同じように、各種装備に違いを付けて個体差をだしたり、ダメージを追加して使用感をだしてみたり、ちょっとした演出を足すことで、わずか5㎝余りの小さな人形の存在感が高まってきます。
そのためには基本となるポーズや雰囲気づくりだけでなく、細部も作り込んでみましょう。一体ごとに手間をかけたフィギュアが集まると、ダイオラマの密度も増し作品の完成度も上がります。■

1-4-1 顔の表情を変える

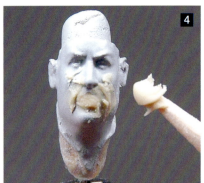

完成したフィギュアをベースに配置すると、フィギュア同士の絡みが弱くゲームの駒を置いたように見え、細部を確認すると顔の表情が弱いと感じました。そこで注目したのがホーネット製の繊細なスペアヘッドです。フィギュアの完成度を確実に高めてくれます。ただそれでも似た顔が増えるのは避けたいので表情に手を加えてみます。スペアヘッドの繊細なディテールは、ニードルを差して奥歯を噛み締めたように」、「片眉を少し上げる」「ガムを噛んでいるように頬を膨らます」など。
戦争映画などでの役者の演技を見ながら、塗りやちょっとした盛り削りでできそうな表情を見つけて見て下さい。ダイオラマの雰囲気がガラリと変わるかもしれません。

❶カフェの角から、左撃ちで立射する射手の顔が無表情だったので、右目を細めて表情に変化を付けることにした。作業の手順ははじめに右目と右の口をチゼルで削る。このとき表面だけ薄く削るのではなく、作りながら表情が変えられるように、少し深く広めに削っておく。次に彫り込んだところにタミヤのエポキシパテ（速硬化タイプ）を盛りつけて、少し硬くなってから爪楊枝を使ってパテを表面に馴染ませる。
❷スパチュラを使って右目を細めた状態に作りなおすが、それとともに頬と右の口角を上げて、しかめっ面な表情を作ってみた。エポキシパテが硬化したら顔の表面をゴム砥石のビットを付けたリューターで滑らかに仕上げる。リューターなら1/35の頬や口などの繊細なモールドもサンディングすることができる。
❸このヘッドも汎用性があるが、落ち着いた顔つきなので、口を開けて会話中の表情にする。工程❶と同様で、はじめに口をチゼルで彫るが、穴は深めに開けておく。なお口は少し開いた状態なら、チゼルで彫り込んだだけでもそれらしく仕上げることができる。
❹口の中と頬の下側にパテを盛りつける。パテは多く盛ると造形が甘味になるので少なめに盛り、足りない分は後で盛り足す。
❺口と頬に盛りつけたパテが少し硬化しだしたら、口を窪ませて歯の輪郭を作って、くちびるを再現する。口を開けると口の左右にほうれい線が現れるので、口角から鼻翼（小鼻）にかけて筋を付ける。ただし口は大きく開けないので、ほうれい線は薄めに再現する。またパテの盛り付け以外はほお骨や輪郭を丸く削って、少し頼りなげな表情にしてみた。その他、パテの硬化後にくちびるを見ると厚ぼったく感じたので、砥石のビットで薄く削って成形した。
❻写真は、撃たれた戦友を助けに、カフェからパン屋へ向かおうとする狙撃手と、それを制止する小隊長（手前）。小隊長は口を中途半端に開け、口角を下げて不安で自信のない表情を演出。一方狙撃手は鼻翼と上唇を少し上げると同時に、ほうれい線を強調して嫌悪感と苛ついた表情を付けてみた。

エポキシパテで顔の表情を変える

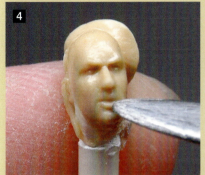

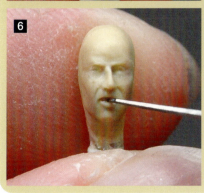

●インジェクションプラスチックキットのヘッドは小さく、表情を変える作業がやりにくい。そこでヘッドを弾力のあるエポキシパテに置き換えて、表情を作り込む方法を紹介する。置き換えることで作業がしやすくなる。顔をキレイに複製するのは少々難しくもあるが、少し表情を変えるくらいならスパチュラで撫でるだけで充分なのでトライしやすい。

①まずはブルーミックス型取り材で表情を変えたい自作のヘッドパーツの顔面を型取りし、そこにタミヤのエポキシパテ（速硬化タイプ）を詰め込む。なおパテは練った直後のいちばん柔らかく、食い付きが良い状態のときに作業する。それとブルーミックスはぬめりがあるので離型剤を使わなくてもよい。もし型にパテが付く場合は水で濡らしておくとよい。

②あらかじめ、ざっくりと頭の形に削ったプラ棒を用意しておき、それを先のゴム型に詰めたパテの上から型の底へ押し付ける。このときプラ棒をしっかりと押さえ付けていないと、型全体にパテが回らない。ただ強く押し過ぎると二次原型が変形してしまうので注意する。

③パテをプラ材に押し当てたら直ぐに型からパテを外すが、二次原型が変形しないように離型する。なお複製が失敗してもパテが柔らかい間は何度もやり直しが効くので焦らず作業する。※写真の型は使用するゴムの量をケチってしまい、複製時に型が歪んで二次原型が変形することが多かった。型は大きめか、またはシリコンゴムを流して作ったものを使えば、失敗を減らすことができるだろう。

④型から二次原型を抜いたら、しばらくパテを硬化させ、パテの表面にベトつきがなくなった造形の頃合いに、スパチュラを使って表情を変える。作例は閉じた口を開いた状態にするのだが、まずは上唇を上げて下唇を下げ、口の中に歯の輪郭を作る。このとき注意するのは唇の形で、作例は男性の唇なので横に広く厚みも薄くする。

⑤人間の顔は、口が開くと鼻翼から口角にほうれい線が現れるので、スパチュラで筋を入れる。また頬や額にスパチュラを押し当ててへこませたり、眉の下を手前に引っ張って彫りを深くしたりと、少し顔付きを変えてよう。

⑥ここでパテを完全硬化させてからディテールの彫刻を行なう。歯は手前から奥へとアーチ状に配置されているので、横一列にならないよう口の両端を彫り込んでおく。そして歯の輪郭ができたらタガネの刃を立てて押し付けて、歯間を再現して完成だ。

1-4-2　M1ヘルメットを作り込む

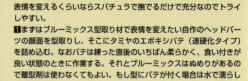

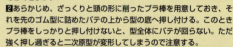

●記録写真を見るとアメリカ兵のM1ヘルメットには、よく偽装ネットが被されています。これは植物を差し込んで背景と調和させたり、降雨で濡れても反射しないようにする工夫だといわれています。これを模型で再現するには、女性用のストッキングを使うというのはもう昔の話で、本作ではパーツは偽装用のエッチングパーツも商品化されているので、本作でも試してみることにしました。■

①ここで使用したエッチングパーツはパッションモデルズ WWIIアメリカ陸軍歩兵ギア＆デカールセット[P35-065]に同梱されているもので、編み目も粗いものとこまかいものの2種類がセットされている。まずはプラ板を下に敷いて、ネットのパーツをナイフで切りだす。そしてコンロの火で軽く炙ってパーツを焼きなます。細いパーツは炙り過ぎに注意する。

②取付けはじめに、ヘルメットの前縁にネットを折り込んでから、頭頂部を指で押さえてヘルメットに馴染ませる。そして前縁の折り返しを瞬間接着材で固定する。続いて両側面と後面のネットを下へ引っ張ってからヘルメットの内側に折り曲げる。焼きなましたネットのパーツはもろく、強く引っ張るとちぎれてしまうので力加減に注意する。

③大戦中のアメリカ兵は「白兵戦時にヘルメットを引っ張られて首が絞まらないようにするため」や「爆風でヘルメットが飛ばされたときに首の骨を折らないように」ということで顎紐をしなかったという。M1ヘルメットは外帽の中に中帽をはめ込む2重構造でその両方に顎紐が付属する。大抵の場合、両方ともヘルメットの外側に引っ掛けるが、中帽の顎紐はヘルメットの前側に引っ掛ける。エッチングパーツのPE21は紐のバックルが端に寄っているが、バックルの位置は左右どちらでもよい。

④外帽の顎紐は、薄く伸ばしたデューロパテの細切りを接着して再現する。端を瞬間接着剤の点付けで固定し縁に沿わして引っ張ってからもう一方の端を接着固定する。

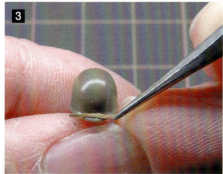

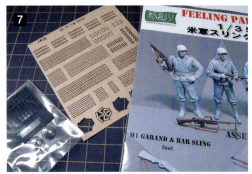

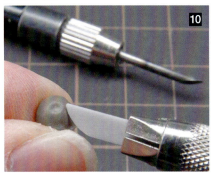
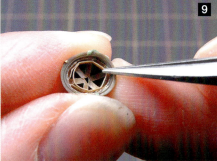

5 負傷兵のヘルメットは脱げて裏向けにしたいので、外帽と中帽の2重構造をそれらしく再現する。はじめにタミヤのヘルメットの内側をリューターでくり抜いて、流し込み接着剤で表面を整える。
6 次に接着剤によりプラスチックが若干柔らかいときに、スパチュラでヘルメットの縁に筋を軽く押し付けて、それをアタリにしてニードルでスジを深く彫る。
7 和巧の紙創り「米軍スリングセット」を使ってヘルメットの内側を再現する。
8 紙のパーツは曲げ癖を付けて形にしてから接着する。このキットの紙は片面がテフロンコートされているのでコート側に瞬間接着材で接着するが、今回は木工ボンドを使用した。
9 組み立てたパーツをヘルメットのなかに取り付けてゼリー状の瞬間接着剤で固定する。
10 外帽の表面をリューターで彫り込んでへこみを再現する。穴の周りはセラブレードやチゼルで整えて、最後にスポンジヤスリで滑らかに仕上げる。外帽は頭を守るほかにも鍋やスコップ、ハンマーなどにも代用するので、ダメージを加え使用感を出してみた。
11 完成したM1ヘルメット。偽装ネットの有無の他にもバックルの位置やベルトの付け方に違いをだしたり、破れたネットや中帽の顎紐を上側へずらして付けたりするなど個性を与えて変化を付けてみた。

1-4-3　部隊章と階級章を再現する

1 2 作品のIV号戦車は戦車教導師団の車両なので、アメリカ兵は第30歩兵師団とした。パッションモデルズのデカールに印刷された部隊章と同じサイズのハト目抜きを用意して、左右を潰して楕円状にする。それを使ってシート状に伸ばしたデューロパテを打ち抜いて、ゼリー状の瞬間接着剤で右肩に貼り付ける。
3 4 階級章も部隊章と同様にデューロパテのシートを使って再現する。デカールの階級章をコピーして、裏面にスプレー糊を付けてからパテのシートに貼り付ける。コピーした階級章の上からデザインナイフで切り出して、位置は上腕の真ん中辺りで両腕に貼り付ける。階級章と部隊章自体は塗装後にここで接着したパテのシートの上からデカールを貼って仕上げる。

1-4-4　銃にスリングを付ける

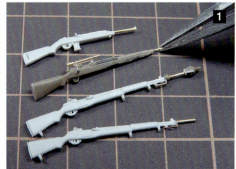

1 M1カービンはドラゴンのGen2から、折れやすい銃身を0.5mmの真ちゅうパイプに置き換えて、写真には写っていないがストックに弾薬ポーチを取り付けた。その下はM1903A4狙撃銃。タミヤのM1ガーランドを元に形を削り込み、真ちゅうパイプを組み合わせたスコープやコッキングレバーを取り付けた。下の2丁もGen2のガーランドだが、榴弾発射器を装着した状態を再現。1丁はプラシートで作ったツメの先に、手榴弾を装着したタイプを再現した。

2 スリングは、ドラゴンの「U.S. 機甲歩兵[Gen2]」に同梱されたものと、本書で度々取り上げた「WWII アメリカ陸軍歩兵ギア&デカールセット」のエッチングパーツを使って再現した。

3 スリングの工作はまず、エッチングパーツを焼きなまして柔らかくすることから始める。ドラゴンのエッチングパーツはベルトの穴や留め金など再現度は高いが、MA2(写真右)のパーツが長く感じたので写真のように三つ折りにして使用した。MA3(写真左)はふたつ折りにし、バックルにMA2を通して接着し、最後にバックルの近くに定革(MA7)を巻いて固定する。なおパッションモデルズのスリングは説明書のとおり組み立てる。接着はいずれも低粘度系とゼリー状の瞬間接着剤を混ぜたものを使用した。

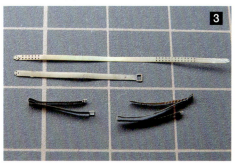

4 スリングを銃に付けたら実際にフィギュアに持たせて、地面に対して垂直に弛ませたり身体にフィットさせたりして、自然な弛みをつけておく。エッチングパーツは焼きなましておくと、簡単に曲げ癖を付けられるが、柔らかい分、形がいびつにならないように注意する。

1-4-5　バンダリアとダメージ表現

1 バンダリアはM1ガーランドの予備弾薬を収納、携帯する布製の弾帯で、小銃手を作るなら再現したい装備だ。以前はキットのパーツを使ったりエポキシパテで製作していたが、本作ではバンダリアを携行するフィギュアが多いこともあり、量産することにした。ドラゴンのフィギュアセットに付属するパーツを、なだらかな弧を描くように2コ、ハの字状に接着する。それを1パーツとしてブルーミックスで型取りし、ポリエステルパテを流して複製する。

2 記録写真をみると2本のバンダリアをタスキ掛する兵士もよく見られるので、脇腹から胸元にゼリー状の瞬間接着剤を使って取付ける。脇を閉めたポーズのようなバンダリアが入らないときは、ポケットを腕の角度に合わせてカットして、腕の下にもポケットがあるようにして取り付ける。

3 バンダリアのベルトは、短冊状に切ったデューロパテのシートを胸元から背中へタスキ掛けして接着する。コットン製のバンダリアは生地に厚みがなく、ベルトの部分がよくねじれているので、ベルトの根元をエポキシパテで幅を広げて造形し、ねじれを再現する。あとポリエステルパテで複製したポケットと身体の隙間を、エポキシパテで埋めてバンダリアをフィットさせる。

4 バンダリアのベルトにはシワを造形するときに、M1ガーランドの弾薬クリップを取り付ける。クリップはドラゴンの「U.S. 機甲歩兵[Gen2]」の小火器ランナーに付いているものを使い、片側の弾を削いでベルトに差し込んでいるように接着する。ほかにもタミヤの「アメリカ歩兵装備品セット」の手榴弾をサスペンダーの二股部分に取り付けた。なおハバーサックを装備した兵士や、サスペンダーを付けていない兵士の場合、カートリッジベルトに手榴弾を取りつける。

5 兵士の軍装は丈夫に縫製されているとはいえ、日常の生活とは違う戦場で着用すると破れることがあれば穴が空くこともある。本作でも目立つ所に配置するフィギュアには、エポキシパテを使って破れや裂けといったダメージ表現を施す。

6 部隊章や階級章などのインシグニア類は刺繍が施されたワッペンなので、立体感を出すためにパテのシートを使用した。若干オーバースケールではあるがデカールを貼るとフィギュアの見せ場になるだろう。各種装備に変化を付けた所も見せ場になるが、この演出は兵士の数が増えるほど効果がある。

1-4-6 表面を仕上げる

作業前

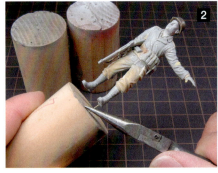
作業後

1 サーフェイサーを吹く意味は、改造部の色を統一し、塗料の発色と喰いつきを良くするためのものだが、浅いキズを埋めてシワの凹凸を滑らかにするなど、下地作りの工程としても外せない。造形の仕上がりを確認するための重要な工程でもある。サーフェイサーを吹いて確認すると、写真のような荒い仕上りのフィギュアもあった。サーフェイサーを吹く前はわかり難いが、1色塗るだけで埋まったスジ彫りや不自然なシワ、削り残したパテなどさまざまなアラが見えてくる。
2 GSIクレオスのMr.ポリッシャーPROはディテールの少ない広い面を仕上げるときに重宝する。
3 4 仕上げはスポンジヤスリと紙ヤスリで地道に行なう。最近はスポンジヤスリも種類が多く、質や厚みに違いがあり耐久性に優れたものもある。細部はスポンジヤスリを三角に切って使い、ピンポイントの仕上げは、小さく切った紙ヤスリをピンセットで摘んで使う。
5 表面の仕上げを終えた状態。このフィギュアは作例の中でもとりわけ荒く、ほぼひと皮向いた状態になったが、道具を適材適所で使い分ければそれほど手間にはならなかった。

1-4-7 塗装前に行なう下準備

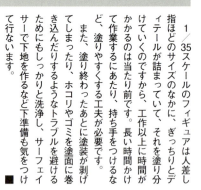
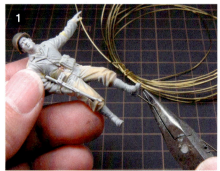

1/35スケールのフィギュアは人差し指ほどのサイズのなかに、ぎっしりとディテールが詰まっていて、それを塗り分けていくのですから、工作以上に時間がかかるのは当たり前です。長い時間かけて作業するにあたり、持ち手をつけるなど、塗りやすくする工夫が必要です。また、塗り終わったあとに塗面に巻き込んでしまったり、ホコリやゴミを塗面に避けるためにもしっかりと洗浄し、サーフェイサーで下地を作るなど下準備も気をつけて行ないます。

■

1 AFV模型は車体の裏側やターレットの開口部を持って塗装することができるが、フィギュアは持ち手となる部分がないのでそのままでは塗り難い。塗装面を手で触ると手の脂でツヤがでることもあり、必ず持ち手を付けておこう。手順としては始めに足の裏にピンバイスで穴を開けて、0.8mmの真ちゅう線を差し込む。
2 直径約3cmの木の棒を5cmずつ切って持ち手を量産する。そこに真ちゅう線を差し込んで先ほどのフィギュアを固定する。丸く太すぎない木の持ち手は、長時間持ち続けても疲れない。ただ持ち手が長すぎると、置いたときに倒れてしまうので、持ちやすい長さでカットした物を使う。真ちゅう線を刺してフィギュアを固定したら瞬間接着剤で仮止めする。なお最近はフィギュアを塗装するときに使う専用の持ち手も商品化されている。(P48参照)
3 部分的にエッチングパーツや真ちゅう材でディテールアップしたところは、車両などとと同様にメタルプライマーを塗っておく。使用したのはガイアノーツのマルチプライマーで、塗料の喰い付きも良くなる。濃度が濃いめなのでモールドが埋まらないように、ラッカー系薄め液で少し薄めに溶いてから塗り重ねるとキレイに仕上がる。
4 アメリカ軍のM1ヘルメットの外帽は、表面が反射しないようにザラついた塗料で塗られている。作例でも偽装ネットをかけてないヘルメットの表面に、ラッカー系薄め液で緩く溶いたタミヤパテを塗ってザラつきを再現した。実物は砂粒を混ぜたような塗料で塗られているので、鋳造表現のように荒くしないように加減する。
5 サーフェイサーを吹く前に、よく泡立てた中性洗剤を筆に付けてフィギュアをていねいに洗浄する。
6 よく乾かしてから全体にサーフェイサー(ガイアノーツのサーフェイサーエヴォ)を吹いて塗装の下地を作る。サーフェイサーは少し薄めに希釈して、ディテールが埋まらないように吹き重ねる。

フィギュアにこそリューターを使おう

車両やストラクチャーなど模型製作には切削と整形作業が欠かせません。これらの作業は物が小さくても意外と力仕事だったりします。また仕上げとなると単調な作業時間も多くなります。そんなときはモーターツールを使用しましょう。これはフィギュア製作でも同じ。切削作業はいうまでもなく切断や開口にも使えますし、ヤスリが届かない位置のパーツを削ったり、肉厚なプラスチックパーツやレジンキャストのパーツでもガシガシと彫り込めます。これは車両の模型を製作するときだけでなく、フィギュアの工作でも非常に有効です。面倒な作業は便利な道具を取り入れて、模型作業を楽しみましょう。■

◀車両や建物以外にフィギュアの工作でも使ったリューターはアルゴファイル製のリューター、「SBH35nST-B」で、3.0φコレット+2.35φスリーブと正/逆回転と無段階スピードコントロール仕様。作業時に便利なフットスイッチも同梱されている。この機種の特長といえば、ブレのない軸の精度と低回転でのトルク。低速で作業しても止まりにくく、狙った所をピンポイントで切削できる。

その1　整形、荒削りに使用する

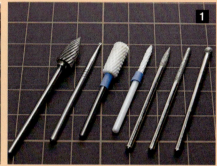

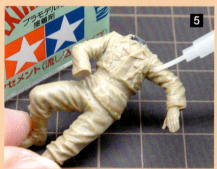

1 整形や荒削りするときに、使う先端工具。先端形状のバリエーションが豊富なダイヤモンドバー（右）、タングステン鋼の刃によりレジンは疎か真ちゅうまで削れる超硬バー（左）、硬度が高く、耐熱性に優れた切削力のあるジルコニアバー（中）など、削る状況や素材によって使い分ける。
2 シワの彫り込みには砲弾型ビットが使いやすい。先端からテーパーがついているので、削る太さが調整できる。
3 ジルコニアバーは熱伝導が低く殆ど発熱しないので、プラスチックが付着しにくい。モールドを剥いだり、レジンフィギュア切削にも力を入れずにガシガシと削れる。さらに切削跡が滑らかで後の仕上げ作業の手間が掛からない。
4 切削後のケバ取りや整形に使うナイロンブラシは、作業後の確認以外にも高回転で使えば多少の段差を滑らかにできる。
5 切削後は流し込みタイプの接着剤を塗って表面を整える。

その2　表面仕上げに使う

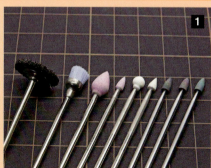

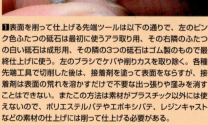

1 表面を削って仕上げる先端ツールは以下の通りで、左のピンク色ふたつの砥石は最初に使うアラ取り用、その右隣のふたつの白い砥石は成形用、その隣の3つの砥石はゴム製のもので最終仕上げに使う。左のブラシでケバや削りカスを取り除く。各種先端工具で切削した後は、接着剤を塗って表面をならすが、接着剤は表面の荒れを溶かすだけで不要な出っ張りや窪みを消すことはできない。またこの方法は素材がプラスチック以外には使えないので、ポリエステルパテやエポキシパテ、レジンキャストなどの素材の仕上げには削って仕上げる必要がある。
2 ピンクの砥石は整形の甘いところや荒い部分を一気に削り取ることができる。写真のようなエポキシパテの表面も滑らかにすることができる。ビットの形は円柱や球形など幾つかの種類があるが、シワの成形には写真のような円錐形のビットが使いやすい。またビットのサイズはシワの強弱に合わせて選ぶので、サイズ違いを何本か用意しておくと作業が捗る。
3 写真のゴム砥石は最後の仕上げに使うビットだが、幾つかの番手があるので対象物の状況を見て使い分ける。荒目のビットを使えば整形しながら仕上げることもできる。
4 砥石はプラスチックやパテ類を削ると目詰まりしやすい。削れにくくなったら、プレート状のダイヤモンドヤスリで、砥石を一層むいてやると目詰まりが解消する。ダイヤモンドヤスリはほかにも、砥石を好みの形に成形することもできる便利ツールだ。なお砥石のビットを使う時は、リューターの回転数を下げて使用する。

～ダイオラマレイアウト考察～
ロジカルに作品の見せ場を検討する

ただなんとなくイメージ優先でダイオラマ内の要素を配置していても、望む演出を得ることは難しい。ここでは生み出した演出をより効果的に表現するための考え方を示す。得たい効果を取捨選択することこそが大事なのだ

フィギュアのレイアウトを考える

●ここでは、フィギュアの配置をどのように煮詰めて整理したか、実際に製作しながら修正を加えた過程を、大まかに3項目に分けて解説していきます。

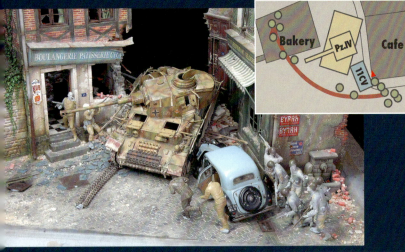

レイアウト 1

●このダイオラマは建物内部も作り込んだので、パン屋の店内に陣取った兵士を配置して、裏側にも見せ場を作ろうとした。ところが正面から見ると店内の様子がわからない。そのため向かって左側がスカスカで、右側が重く感じてバランスが悪い。

●カフェの集団に対して疎密を付けることはできる。しかし広いパン屋の前に兵士がふたりでは間が持たない。また鑑賞者の視線を誘導するための兵士が左に走っているが、単にパン屋へ行くだけでは左側に向かう流れも弱く、緊張感がいまひとつない。

●そしてなにより作品のいちばんの見せ場となる焦点が「カフェ」か「パン屋」のどちらにあるのか曖昧で、構図的にはまとまりのない印象を受ける。

レイアウト 2

●「レイアウト1」の問題を踏まえて修正した「レイアウト2」は、裏側の見せ場を抑えて、正面からの見栄えを重視した。正面から見えづらいパン屋の店内に陣取る兵士を、店の軒先に配置する。軒先の人数は単に増やすだけでなく、そのなかに負傷兵を配置して、それを助ける兵士と衛生兵を呼ぶ兵士でストーリーを展開する。そしてそこを作品の焦点にした。結果シトロエンの前を走る兵士（衛生兵）の必然性も増し、左側へ向かうストーリーの流れも強調された。また負傷兵の存在は鑑賞者に、敵の銃弾がダイオラマの奥から飛んで来ることを示唆し、緊張感も高まった。

●さらにパン屋の前にできた焦点が見やすくなるように、Ⅳ号戦車の砲身を右側へ振ってみた。するとカフェの角の射手とⅣ号戦車が対峙する構図になる。Ⅳ号戦車の砲身はドイツ軍の怖さのメタファーになり、意味深な見せ場ができあがる。

●しかしカフェとパン屋のグループはボリューム的に変化が少なく、疎密が弱まったので修正する余地がある。

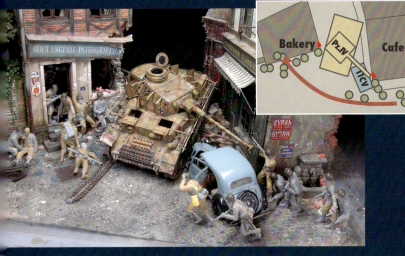

レイアウト 3

●カフェの角からパン屋へ向かう流れは「レイアウト1」から一貫して変わらないが、パン屋内のフィギュアを1体だけにして、その分、軒先に9体配置することで焦点に厚みを持たせてみた。店の右側には2体追加。そのうちの1体にはトンプソンを持たせて掃射するポーズをとらせている。「レイアウト2」までは射撃する兵士が1体だったのに対して、もう1体追加したことで敵の存在感が強まった。また店の左側には負傷兵を追加して、戦闘の激しさが強調されると同時に、緊張感もさらに高まった。

●焦点に配置したフィギュアを増やしたことで、カフェのフィギュアは1体間引いてパン屋のグループとメリハリが付くように整理した。この作品の焦点はパン屋を背にしたレイアウトしているが、焦点など見せたいモノの後ろに壁を立てると、壁が視線のクッションになり、その手前を目立たせることができる。これは壁を使ったベーシックな演出で、いまでもよく使われるレイアウトの一例だ。

●ただすべてのフィギュアを壁に沿わせてしまうと、構図の奥行きが弱まるため、入り口を中心に中寄りと外にフィギュアを配置して、並びに変化を付けてみた。

ダイオラマが完成し、工作も塗装もうまくできたのに「何かもの足りない」と感じたことはないでしょうか。総じてそんな作品には共通点になっているのですが、興味を惹きつける作品には「見せ場」がおざなりになっています。そう、「見せ場」とはその作品の焦点となる場所のことなのです。ダイオラマには2種類の見せ場が必要です。ひとつは「いちばん観せたい」見せ場。もうひとつは「鑑賞者に発見や驚きを与える」見せ場です。

前者はダイオラマの中心、いわゆる作品の焦点です。「ベルリンの街中で手を上げて降伏するドイツ兵」や「大勢の兵士が引っ張る泥濘にはまった大砲」ではこの降伏する兵士や大砲に物語を展開し、そこをフックに作品の焦点を伝えたいところ。しかし後者は漠然とした場所ではなく焦点が弱く、作品のどこに物語の焦点があるのか分かりにくい。そこで、必要なのは「観せたい」に焦点を明確にすることで、見せ場が鮮明になるのです。

作品に魅力の幅は出ません。ただ、それだけでは見せ場が焦点だけでは飽きてしまうのも事実で、鑑賞者が思わず相づちを打つ要素を加えたい。それが「滑走路の看板の退色」や「太陽にさらされたひび割れから生えた草」といったようなディテールだったり、「見せ場」を誘うような意外な驚きを与える仕掛けです。これは共感を呼び、より見る者に意外性を発見や驚きを与えます。見せ場のなかに一枚、まったく違った四角のカードの中に、丸いカードを置くと、丸いカードに必ず視線が向きます。こんな単純な仕掛けで構いません。印象に残る作品はおおよそこのような仕掛けが施してあるのです。逆に「何かもの足りない」と感じる作品は、この手の工夫が少ないのです。

「この種の作品はいくらでも観ていられるね」と言われる作品には、そんな工夫や発見や驚きが詰まっているのです。

見栄え良く配置するためのレイアウトのコツ

●ダイオラマ上の要素はなんとなく配置しても見映え良く収まりません。見映え良く配置するには幾つかのコツがあり、それらを組み合わせればレイアウトの完成度を高めることができるでしょう。

●ダイオラマの要素は、なんとなく配置すると、向きが揃ってしまいがち。例えば戦車とソフトスキンで構成するダイオラマがあるとする。各車両は別方向を向いていても戦車の砲身とソフトスキンの向きが同じになる場合や、砲身とダイオラマベースの枠が同じになるなど、向きが合って平行になると、作為的で不自然に見え、絵に動きがなくなってしまう。

●もちろん意図的に平行にしたり、ベストポジションが平行になるところなど例外もあるが、要素は平行にならないように注意したい。
●❶は砲身と車とライフルの向きを平行に揃えた配置で、❷は平行にならないように各要素の角度を変えた構図。❶ももちろん戦闘シーンを描いているが、よく目立つ要素の向きが揃って

しまうと構図の動きが殺されて、落ち着いたいかにも人が置いたような配置になる。それにひきかえ、❷はそれぞれの角度を変えてリズムを崩すことで動きが生まれ、各要素が自然とその場所に集まって、戦闘の緊張感も感じられるようになった。

❸先の解説でも向きを揃えることのデメリットについて説明したが、フィギュアを配置するときのとくに戦闘シーンのような動きが必要な場合は、フィギュアの頭の高さを揃えない。そのためには階段や瓦礫などの地形を利用するのも良いだろう。さらに「寝かせる」「上体を倒す」「背伸びをする」など、ポーズに変化をつけて頭の位置の高さを変えると、絵に動きがついて構図がドラマチックになる。作例は極端に高低差をつけることができたが、少しの差でも見た目が随分と変わることもあるので、フィギュアを配置するときは頭の高さの違いを意識する。
❹は繰り返しになるが疎密について説明する。大きめのダイオラマよくある誤りで、そこかしこにフィギュアを配置してしまう例がある。間を持たせるためや、サブストーリーを作り

すぎることでダイオラマ上にフィギュアを分散してしまうと、まとまりのない眠い印象の構図になりやすい。そこで疎密をつけて配置するのだが、作例のように大小の集団（大きなマルと小さなマル）を作るのが見映え良くまとめやすい。作品はカフェのグループを少なく、パン屋に多く配置して、さらに各グループのフィギュア同士の間隔にも差をつけているが、この差が疎密になっている。ばらけて配置すると動きが弱まりおとなしい印象の作品になってしまうが、疎密をつけるとメリハリが付き、緊張感が生まれる。緊張感のある絵は印象に残りやすく、コンテストや展示会でも人目を引きやすい。レイアウトは揃えすぎると動きがなくなり落ち着いたイメージになり、バランスを崩すと動きが生まれて緊張感が増す。

SPECIAL
KAZUYA YOSHIOKA FIGURE WORK'S 1
インジェクションキットフィギュアをブラッシュアップする

1/35 原寸

"Defending the summit"
・初出：ホビージャパンMOOK MILTARY MODELING MANUAL
・キット：ドラゴン　1/35　ドイツ第3降下猟兵師団（アルデンヌ1944）No.6113

キットの出来を活かして手を加える

ツウ好みのアイテム選定で、ファンに支持され続けているドラゴンのフィギュアシリーズ。2000年前後の製品は名作も多く、車両単体やダイオラマ作りに役立ちます。ここで取り上げたフィギュアもその当時に発売されたもので、過度な演技をさせることのない、汎用性の高さが魅力といえるでしょう。とはいえポーズの硬さとディテールの眠さは否めません。

ドラゴンのフィギュアでよく見られるが、脇の空きが甘いこと。また首も下を向き気味です。ただ、もとの作りは良くできているので、そんなポイントさえ直せば十分印象も変わってくるでしょう。完璧なレジンキットも良いのですが、たまには昔のフィギュアをブラッシュアップしてみては如何でしょう？　作りの良さに感動する商品も少なくないはずです。■

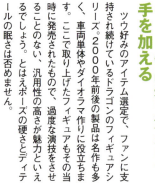

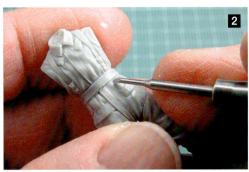

■1 遠くに視線を向けて、たたずむポーズが良い味を出すフィギュアだが、前述したように脇の甘さとポーズの硬さが気になった。そこでまず重心の移動を明確にする。人は自然に直立しているとき、両足に均等に体重をかけることはない。体重を片方の脚❺にかけていれば、同じ側の腰❸が上がって傾く。それにともない、体はバランスをとろうと反対の方向（この場合左側）に傾く。素組みで組んだ状態でも、このフィギュアの重心は移動しているが、もう少し力を抜いた姿勢になるように、各部の傾きを調整する。はじめに右足❺にかけた体重を強調するために、左足の付け根を切断して半歩前へだす。すると左腰❺が下がって、より右腰❸に体重がかかったようになる。次に右の腰パーツの上面❸を少し削って左の腰と上体の間❹に詰め物をする。最後に左肩❺を若干上に上げると❺と❸の間が狭く、❺と❹の間が広くなって右足にかかった体重が強調される。また腕のパーツを付けると脇が空くので、腕と体が密着するように、腕パーツの肩から脇を斜めに切断する。装備品を付けた体と腕を何度も擦り合わせて、干渉する部分を削り落とす。
■2 インジェクションプラスチックキットのフィギュアは、成型する都合でパーティングライン周辺のモールドが甘くなる。そこを中心に、モールドをチゼルやデザインナイフを使って彫りなおす。そのほか彫りなおす場所で効果があるのは、サスペンダーやベルトの周辺。ベルトを縛ることで布が縮んで「寄りシワ」ができやすい。また上衣やズボン（ファスナー）の前立ての部分を彫り起こすと、衣服のディテールにメリハリがつく。
■3 良い面構えをしたキットのヘッドパーツはそのまま使う。ただ少し上がった口角により、中途半端な笑顔に見える。口角にニードルを差して、そのまま下側に下げると、つぐんだように口もとが締まる。あと頬をチゼルで削ってやつれた雰囲気を出してみた。

■4 ピンバイスに取付けた虫ピンで、目のモールドを彫りなおす。このとき絶対に力を入れないよう、撫でるように何度もなぞる。
■5 くるぶしの上まで編み上げられたジャンプブーツの紐はよく目立つ。エッチングソーで靴紐のモールドのうえから、×××とスジを入れる。モールドが凹になるが、塗ればまったく気にならない。
■6 降下猟兵の降下ズボンはゆとりがあるのだが、キットのパーツは細身で量感に欠ける。そこでズボンのモールドの上から、タミヤのエポキシパテ（速硬化タイプ）を盛り付けてボリュームを足す。パテは主剤と硬化剤を練った直後は粘りが強いので、そのときに対象に盛り付けると密着させることができる。表面はベトついて扱いにくいが、水を付けた筆を使って、撫でながらアウトラインを整える。
■7 盛り付けたエポキシパテの造形の頃合いは、表面のべとつきがなくなってから。指を触れて、べとつきが消えてきたら爪楊枝やスパチュラでシワを付ける。降下ズボンは裾をブーツインしているのでズボンの裾に「たるみシワ」を付ける。
■8 最後にラッカー系うすめ液を含ませた筆でパテの表面をならす。
■9 ■10 素組みと手を入れたフィギュアの比較。左腕は別のパーツに差し替えているが、腕の密着感がわかるだろうか。隙間がないだけで、体が締まる。また腰より下のボリュームを足すことにより、体の量感と存在感が増す。装備品はタミヤやドラゴンのGen2シリーズから流用。それらを繋ぐベルトやバックルを付けると見映えがする。

Defending the summit
Monte Cassino March 1944

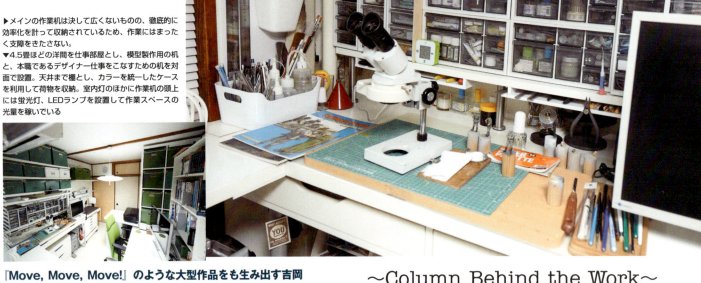

▶メインの作業机は決して広くないものの、徹底的に効率化を計って収納されているため、作業にはまったく支障をきたさない。
▶4.5畳ほどの洋間を仕事部屋とし、模型製作用の机と、本職であるデザイナー仕事をこなすための机を対面で設置。天井まで棚とし、カラーを統一したケースを利用して荷物を収納。室内灯のほかに作業机の頭上には蛍光灯、LEDランプを設置して作業スペースの光量を稼いでいる

～Column Behind the Work～
吉岡和哉のアトリエ
分類、整頓、効率化を考えて

『Move, Move, Move!』のような大型作品をも生み出す吉岡和哉氏のアトリエは決して広いわけではない。大量の素材やキットを使用する場合、どれだけ効率よく作業をこなすかが、クオリティ向上に繋がる。ここでは吉岡氏のアトリエでの整理方法のいくつかを紹介しよう。

拡張天面で製作、撮影　　卓上も道具、材料共に整理、分類

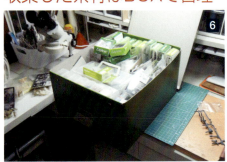

マテリアル類もまとめて管理　　収集した素材はBOXで管理

①卓上はそのつど整頓し、作業に必要な道具類のみをトレーに準備する。このときは各種筆、ペーパーパレットなどを準備。
②机正面には小区切りの引き出しを設置。常に使う接着剤やウェザリングマテリアルだけでなくこまかいプラスチックパーツも整理。
③作業机の隣にはサブテーブルを設置。背景紙を準備してあり、常に撮影することが可能。本誌の作業途中写真はすべてこうやって撮影されている。
④サブテーブルは蝶番で天面を広げることができるように改造してある。本作のような大型のダイオラマを製作する場合、このスペースを活用して作業している。
⑤⑥ダイオラマで使う素材は一期一会のものが多い。たとえば手に入れたベース用木製ボードやレジンキャスト製のフィギュアなどはグリーンのケースに整理、分別して収納している。
⑦⑧撮影台の下には図面整理用の引き出しを設置し、背の低いマテリアル類を素材ごとに整理している。ファレホや溶剤はタッパーなどを利用してここに整頓しているし、AKやAmmoなどウェザリング用のエナメル系塗料どは別引き出し、といった具合。シンプルだが、使用するたびに収納することがコツだという。

※さらに詳しい模型部屋のレポートは『モデラーズルーム　スタイルブック』（大日本絵画／刊）にて紹介されています。

第2章 フィギュアの塗装
Painting figure

工作にもましてフィギュア作りの楽しさが詰まっているのが塗装です。本当のフィギュアづくりの楽しみはここから始まると言っても過言ではありません。極寒の東部戦線で寒さに耐える凍えた顔や、熱砂のアフリカでホコリにまみれたヨレた軍装など、一筆足すことに厳しい状況で戦った兵士たちに命を吹き込むことができる。そんな、フィギュアペイントは絵画を描くような大人の趣味的魅力をもっているのです。

もちろんフィギュアペイントが苦手な人も多いことでしょう。塗装は神経を使い、一筋縄ではいきません。しかし、現在活躍中の名だたるフィギュアペインターも最初からうまかったわけではありません。彼らは同様に経験を積み重ね忍耐強く練習しているのです。なぜ陰を描くのか、なぜその塗料で塗るのかなど、作業の意味を理解していれば説得力のある塗装が可能になっていくでしょう。

DIORAMA PERFECTION 3
FIGURE・FINAL COMPOSITION

第2章：フィギュアの塗装
2-1 フィギュアの塗装とは？

フィギュアの塗装にはそれに適した材料、道具と画材が存在する。とくに画材によって塗装のしやすさが大きく異なるのも特徴だ。ここではフィギュア塗装に対する考え方、代表的な画材の特徴と使用する道具、そしてフィギュア塗装に関する基本的な技法について説明する

◀1体で主役を張るためにとことん塗り込む単品のフィギュア作品と違って、たくさんのフィギュアを配置するダイオラマ作品の場合は、配置したときに周りのフィギュアやほかの要素とケンカしないよう筆数を少なく仕上げるのがセオリーだ。

フィギュアにはさまざまな仕上げ方があります。陰影を付けずに細部までカッチリした塗り分けで仕上げるリアル塗りや、すべてのディテールに作者が思う光（の方向）を想定して塗り分けでハイライトとシェードを描き込んで仕上げる絵画塗り、そしてその両方のよい所を取り入れた塗り方など様々です。どんな塗装方法を選ぶかは、作者の好みの問題ですし、ほかの要素とのマッチングもあります。博物館にあるようなデスクトッププモデル風に仕上げた車両に、こってりと塗り込んだユーロ塗りのフィギュアはマッチしないことでしょう。いま、塗ろうとしているフィギュアは、どんな仕上がりを求めているのかを考える必要があるのです。

また、塗装では自分にあった道具を選ぶ、塗りやすい環境を整えるのも重要です。

塗装の基本は丁寧に塗り分けること。まずはそこからはじめて、その先は少しずつ塗り数を増やしていきましょう。■

2-1-1　フィギュアの塗装に使う道具と塗料

エナメル系塗料
タミヤエナメル塗料は初心者からベテランまで愛用者が多く、入手のしやすさや安価なこともあり、入門用としてもお勧めだ。乾燥には少し時間がかかるのだが、それによりブレンディングもやりやすい。色伸びが良く、筆ムラもできにくいので筆塗りに適している。ただ塗り重ねるときは注意が必要で、完全に乾いた後も、上塗り時に強い筆圧で撫ですぎると、下地が泣く（下塗りしたエナメル塗料が溶ける）こともある。

拡大鏡
フィギュアの塗装は、目指す着地点により塗り方が変わってくるが、1/35サイズのフィギュアであれば、拡大鏡が必要なモデラー諸氏は少なくないだろう。そんな私も拡大鏡がないと作業ができず、大雑把に全体を把握するときは写真左の拡大鏡を、細部の描き込みには実体顕微鏡を使っている。拡大鏡は4倍と低倍率だが顕微鏡は20倍とかなりの高倍率。倍率が低いと視野は広いが、上がると視野は狭くなる。

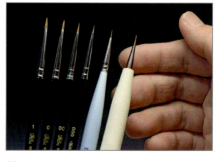

筆
ウィンザー＆ニュートンのシリーズ7はフィギュア塗装の定番品。高級セーブルを使った穂先は、塗料の含みも良く、繊細な塗りが楽しめる。値段は1000円〜と高めだが、穂先はバラつきにくく通常の筆より長持ちする。使用頻度の高い太さはNo.00で、広い塗りに使うNo.0と細部描写にNo.000があるとよい。ほかは瞳の塗装に威力を発揮するモデルカステンのアイペイントや、汎用性の高い文盛堂のウッディーフィットを揃えている。

ラッカー系塗料
一般的にはフィギュア塗装に向いてないといわれるラッカー系塗料だが愛用者もいる。主観的にはフィギュアは塗りにくいと感じる。発色、塗膜の強さ、塗料の食いつきなど性能の高さは疑いない。ただ乾燥が早いために、筆塗りはそれなりに技術が必要。本作では銃の下塗りやツヤ消しのトップコートに使用。いちばん効果的なのが銀と金のメタリックカラー。粒子がこまかく金属の質感に優れ、粘度の高さにより細部に塗りやすい。

油絵の具
古くからフィギュアペインターに愛用された油絵の具は、いうまでもなく絵を描くときに使う画材なので、慣ればとても塗り（描き）やすい。知ってのとおり、乾燥時間が遅く、それがデメリットのように思われるが、隣り合う色を混ぜるブレンディング技法を行なうなら油絵の具に勝る塗料はない。ただ調色が難しく、ある程度色彩の基礎を知っておいた方が良い。最近はミリタリー用に調色された海外製の油絵の具も売られている。

水性アクリル系塗料
ファレホアクリルは、いまやフィギュアペイントの主流ともいえる水性アクリル塗料だ。従来のアクリル塗料とは違い、伸びの良さと隠蔽力の強さに加え、乾燥がとても早い。これにより極薄く精製水で溶いた塗料を、少しずつ重ねてグラデーションを付けるレイヤー塗りに適している。水を含ませたスポンジ、キッチンペーパー、クッキングシートを重ねた湿式パレットに塗料を出して使用する。本作では小物の塗装を中心に使用した。

2-1-2 フィギュア塗装のあらまし

目について
フィギュアのなかでもいちばん目立つ目は、丁寧に仕上げると完成度がグッと上がる。視線でストーリーを誘導したり、キャラクターの心情を表したり、果てはフィギュア全体に生気も与えてくれる。しかし絶対に瞳を描かなくてはならないわけではない。強い日差しの下など、状況によっては描かない方がリアルに見える場合も少なくない。

顔について
顔はもっとも人の目を引くポイント。こまかい塗り分けが仕上がりのキモになる。エナメル系塗料で塗る場合は少し赤みを加えること。エマルジョン系のアクリル塗料なら濃度をできるだけ薄くした塗料を塗り重ねる。油絵の具を使うときは、できるだけ少量の絵の具を薄く伸ばして塗り込んでいくこと。

装備品について
装備品はフィギュアに精密感を与えてくれる要素なので、できるだけこまかく塗り分ける。布、皮、金属、樹脂などの素材や質感の違いを、ツヤの変化で表現すると説得力が増す。さらに目を引く徽章類は、塗装やデカールで再現して全体を締める。

肘、膝などの汚れについて
乾燥していればホコリで汚れ、雨が降れば泥が付く。フィギュアの場合もAFVと同様に汚れにより状況を想像させることでいる。また汚れはダイオラマとの結びつきを強める要素。地面と同じ色を使って、ひじ、ひざ、腰を中心にウェザリングを施そう。

ヘルメットについて
米軍のM1ヘルメットの外帽は反射率を抑えるため、砂粒を混ぜた塗料で塗られている。そのため土やホコリなどが取れにくく汚れやすい。塗装は焦げ茶やホコリ色を使ってAFV模型の要領で汚したい。またヘルメットは目を引く顔の上にあるので、偽装網や顎紐などのディテールはきちんと塗り分けたい。

銃器について
銃器はフィギュアのなかでも見せ場のひとつ。金属のギラついた鉄らしさと、ストックの木目、そして皮や布のスリングによる質感の対比がひと目を引く。銃は常に整備され、使い込むと鈍い艶が出る。金属部も明るい銀色でエッジを立てれば武器らしい雰囲気が増す。

軍装について
HBT（ヘリンボーンツイル）の生地には若干光沢があるものの皮素材でないかぎり、布類はツヤを消しておく。塗装後はトップコートを吹いて完全にツヤのない状態にしておきたい。また生地によって質感の違いも様々で、ウールなどの厚めの生地は柔らかく滑らかな色の変化がつき、HBTのようなパリッとした生地は部分的にボケあしがタイトになる。

2-1-3 フィギュア塗装の基本テクニック

ブレンディング
●最近は極薄めた水性アクリルを使ったレイヤー塗装により、この技法を使わずに作品を仕上げるモデラー諸氏も居られるだろう。ただひと昔前のフィギュアペイントといえば、異なる2色を塗り分けて、その間を筆でボカすブレンディング技法で仕上げるのが一般的だった。
●しかし過去の技法になったという訳ではなく、この濃厚に変わる色の変化が好みだというモデラーも多い。レイヤー塗りと同様に塗りがいはある。
●ボケ幅をコントロールすれば柔らかいものから硬いものまで表現できる。沢山の画家が確立した技法でもある。

明暗の塗り込み
●1/35スケールのフィギュアは、その小ささゆえ、普通に光を当ててしまうと、せっかくのディテールが飛んでしまう。またそのサイズでは各部の作りも認識しにくい。
●そこで日が当たる所はハイライト色、日が当たらない陰の部分はシェード色を塗り分けて、光と陰を1/35サイズに補正する。
●右の写真を見て欲しい。手と対比すると、フィギュアの大きさが実感できると思う。ハイライトとシェードを入れることで、この小ささでも単体作品として主役を張れる存在感を出すことができる。

◀はじめは黒みのあるグレーで明暗を塗り込み、焦げ茶色の油絵の具でウォッシングする。すると使い込んで擦れた革ジャケットの風合いが出る。

▶下地色を吹き付けているが、明暗が付いていない眠い仕上がりになる。リアルではあるが模型的な魅力は弱く感じる

◀ハイライトとシェードを塗り分けただけでも、それらしくは見える。その後2色の境界をボカせば柔らかい布の質感が現れる。

描き込み
●フィギュアには衣服や装備品にざまざまなディテールが存在し、それらは素材に違いがある。滑らかな生地の素材なら明暗をブレンディングするだけでそれらしく仕上がる。
●しかしゴワゴワのキャンバス地や、毛羽立ったフェルトカバー、傷や破れに至るまで質感を描きこめばそのフィギュアの見せ場になる。
●また生地の縫い目、ボタン、チャックなどのディテールを描き込んで、精密感を高めることもできる。
●描き込み作業は、その名のとおり描くことなので、塗装というよりは絵を描く行為に近い。そのため描くことを意識して作業すると良い仕上がりになる。

塗り重ね（レイヤー塗装）
●薄く希釈した塗料は、いちど塗っただけでは何の変化も付かないが、色を少しずつ変えながら、2度3度重ねることで透過性が高い絵の具で塗ったような、深みのある自然なグラデーションを付けることができる。
●これは透明水彩を描くときや、透明色の油絵の具を使って行うグレージングと呼ばれる技法と同じで、グラデーションを滑らかにしたり、下地の色に深みを与えたりする効果がある。
●ほかにも、AFVのフィルタリング技法と同様な使い方で布や皮の色に変化を与えたり、迷彩服のシェーディングにも使うことができる。

徽章類をしっかりと描き込むと精密感が出て、人目を引く。できるだけ緻密に描き込めば完成度が高く見えるポイントだ。

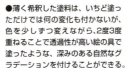

第2章：フィギュアの塗装

2-2 フィギュアのヘッドを塗装する

フィギュアのヘッドは鑑賞者の視線を多く集める場所であり、同時にペインターの技量がもっとも問われる部位である。ハイライトとシェードを多用した塗装方法は、論理立てて作業することで格段と上達する。ここでは幾つかの例を挙げながらヘッドの塗装方法を解説する

人の顔は有機的で曖昧なディテールが多いため、フィギュアのヘッドを塗装する場合には「焦げ茶色でウォッシングして終わり」というわけにはいきません。その小さな顔に光が当たると光が回り込み顔のディテールはボヤけてしまいます。自然光にたよらずに、1/35スケールモデルとして観られるようになるのです。それらの陰を、どこまで描き込むかは作品により異なります。本作のようにダイオラマに配置するフィギュアなら、ハイライトも描き足してコントラストを強めに仕上げると、表情がわかりやすくなるでしょう。

さらに近づいて観た鑑賞者に、驚きを与えることも大切です。シワやヒゲ、傷などのディテールを描き込んでみてください。それによりフィギュアにキャラクター性が生まれ、作品の見せ場にすることができるでしょう。

ただしこれだけは忘れないで下さい。過度な陰影を加えるとリアルではなくなります。それはもちろん知ってのとおり、人の眉の下は焦げ茶色でもなければ鼻の頭は白くはありません。リアルを取るか、イメージと見映えを優先させるか？どちらが正解でどちらが間違いということはありません。

■本作のフィギュアは、表情やそれぞれのキャラクター性が、ストーリーに直接絡んでくるため、コントラストを付けた塗り方で仕上げている。もちろん車両や家屋などのストラクチャーも陰影を付けた仕上げをしたので、このフィギュアとの相性もよい。

2-2-1 油絵の具の特性とフィギュア塗装に使うメリット

◀ここで使う絵の具はホルベイン製のもので、入手もしやすく、普段からAFVのウェザリングでも多用している。今回はフィギュアの塗装にも使用した。油絵の具を薄める溶き油にはペンチングオイル（下左）を使用。いくつかの画溶液が調合され、溶き油はこれ1本で事足りる。ペトロール（下左）は絵の具の流動性や筆さばきをよくし、筆洗いにも使用する。

油絵の具は乾燥が遅いと敬遠されがちですが、その乾燥の遅さこそが最大のメリットといえます。とにかく時間をかけてブレンディングすることができるので、気に入った仕上りになるまで塗り込めます。また絵の具が乾く前なら失敗してもキレイに消せるのも心強いといえます。薄めた絵の具を塗り重ねて深みをだすこともできるのです。さらに完全に乾いても溶剤でも消せなくなります。薄めた絵の具を塗り重ねて深みをだすこともできるのです。

フィギュアペイントで目を描き込むとき「慎重になるあまり、いざ色を置くと塗料が乾いていた」というのはありがちな失敗例。しかし油絵の具は筆が迷ったくらいでは乾きません。絵の具の粘度が高いので、繊細な線（アイライン）やドット（目のハイライト）の描きやすさはほかの塗料の比ではないといえます。

しかしながら、油絵の具は種類が多く、調色の難しさは否めません。最初は色作りに戸惑うことでしょう。しかし手練れのペインターは主要な数本の絵の具だけで大抵の色を調色するそうです。コツが分かれば模型塗料のように多く揃える必要もないので、意外とコストパフォーマンスにも優れています。

油彩を使う前に知っておきたい、透明/半透明/不透明

●油絵の具を塗ったときに「色が透けやすい」という経験はないだろうか？ 絵具にもよるが、そんなときはたいていの場合透明絵の具を使っているはず。油絵の具には透明、半透明（メーカーによっては、透明寄りの半透明と不透明寄りの半透明に細分化されているものもある）、不透明など色によって違いがある。不透明絵の具は顔料が使われ、透明絵の具は染料が使われている。

●はじめに塗る色は不透明色を使って下塗りし、そこから半透明色や透明色を塗り重ねる。もちろん順番は変則的に変えることもある。

●油彩画にはグレーズという技法がある。明暗を強調したり、色に深みを与えるなど、ちょうど戦車模型のフィルタリングと同じ意図で行なう技法だが、そこで使うのが透明色。絵の具のキメのこまかさがキモになる。

▼ホルベインの油絵の具の場合、透明、半透明、不透明の表記はチューブの裏側に書かれている。またカタログにも記載されているので、購入時は確認しよう。

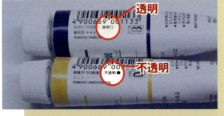

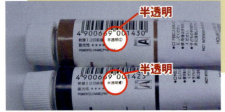

他色の上に透明絵の具を塗布

▲プラ板の上にファレホアクリルのロシアングリーンを筆塗りし、その上から透明色のフタロブルーレッドシェードをペトロールで薄めてグレーズしたもの。透明色を塗り重ねた部分の緑色が深みを帯びている。

プラ板に透明絵の具を塗布

▲右のカドミウムレッドを塗ったプラ板と同じ条件で透明色のゼラニウムレーキを塗ったもの。ひと塗りした状態では変わりないが、筆で何度か伸ばしていくと下地のプラ板が透けていく。

プラ板に不透明絵の具を塗布

▲サーフェイサーやヤスリがけなど下地処理をしないプラ板に不透明色のカドミウムレッドを塗ったもの。筆先に取った絵の具を何度も伸ばしてみたが、下地が透けることなく発色もかわらない。

40

2-2-2 フィギュアヘッドの塗装の考え方(工程の簡単な解説とシェード、ハイライト)

小指の爪にも満たない小さなヘッドパーツは、フィギュアヘッドにより凝縮されています。ところが40～50cm離れて見るとどうでしょう。ディテールはおろか表情すら確認することができません。ダイオラマでストーリーの語り部たるフィギュアは、表情が分からないと物足りなく感じます。もちろんポーズだけでもおおよその表情はつきますが、顔で語るダイオラマの魅力は捨てがたいといえるでしょう。

それではどうすれば表情が分かるようになるのでしょうか。

答えは歌舞伎の隈取（くまどり）にあります。顔に鮮やかな模様をペイントした隈取の始まりは、芝居小屋で役者の表情を、後方の客席からも分かりやすくするためだといわれています。小さなフィギュアの顔も表情がよく分かるように、光が当たる所には明るい肌色（ハイライト色）を、陰の所には暗い肌色（シェード色）を塗って、立体感を強調することで見やすくし、フィギュアによる演出が活きるでしょう。

ハイライト色は「出っ張った所」に、シェード色は「窪んだ所」に塗り込みます。ハイライトとシェードを塗れば、曖昧なディテールも明確になり、存在感が増すので、フィギュアによる演出もよりわかりやすくなるのです。

シェードとハイライトは実際には、左の図のようにくっきりした色の違いはありません。「窪みが深いところほど、シェード色は暗く」「張り出しが高いところほどハイライト色は明るく」なります。

シェードからハイライトの色の変化はグラデーションで再現しますが、あまり滑らかでキレイ過ぎない方が良いでしょう。なぜなら人の肌はフラットフレッシュのベタ塗りではありません。皮膚の下のことは後で述べますが、表面的でも微妙な色の変化が多数見て取れます。部分的でもムラを付けたほうが人の肌らしく仕上がるのです。

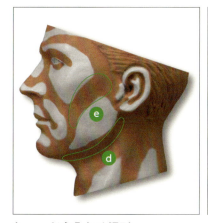

シェードを入れる場所

●横顔は正面に比べて印象は弱い。そこであごから耳にかけてのえらの下側 d に濃い陰を入れて、輪郭を強調する。また頬骨の下 e に陰を濃く入れると疲れてやつれた顔になる。涙袋 f の陰は目の下のクマだと思われがちだが、その中寄りに陰を入れると、眼球の丸みが感じられて目の存在感が増す。

●陰（シェード）は基本的に膨らみの下にできる。正面から見た顔でいうと、眉、鼻、上唇、下唇、頬、あごの各下側が陰になる。眉の下の陰は目頭とその上 a 辺りがいちばん暗く、そこに強い陰を入れると目力が強くスキのない目になる。あと上唇 b と口角 c に暗い陰を入れると顔がキリっと引き締まる。

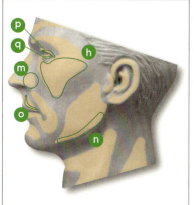
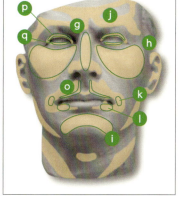

ハイライトを入れる場所

●横から見たときに目立つハイライトは頬骨 h と小鼻 m とえら n の3カ所。この辺りは面構成が複雑で、きっちりと明暗を描き分けると表情が豊かになる。あと小さくても絵を引き締める、上唇と人中（鼻の下の筋）のふち o や、シェードと同様に眼球の丸みを意識させるまぶた p と涙袋 q に細いハイライトを差しておく。

●正面から見て一番ハイライトが強く差す所は鼻筋 g で、次に頬骨 h や、あごの上 i が明るい。また眉の上 j にも強いハイライトを入れると、目力が強調される。ただしヘルメットや帽子を被ると陰になるのでそのときは弱める。あと忘れがちな口角の外側 k と下唇 l。ここにハイライトが入ると口元の立体感が増す。

油絵の具でブレンディングする

油彩のブレンディング

◀ 油絵の具は模型用塗料とは比べ物にならない乾燥の遅さと粘度により、隣り合う2色の境目を筆でボカすブレンディング技法がやりやすい事なのが、乾いた筆を使うこと。油気のある筆を使うと、絵の具が溶けて塗膜を泣かす。ブレンディング時も筆が汚れたらウエスで拭って常に油分を落としてキレイな状態で作業する。

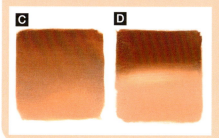

絵の具は薄めずに使う

調色や粘度調節のために溶き油を入れて、緩くなった絵の具で無理にブレンディングすると、Aのように下地が泣いてしまう。この状態では当分の間はブレンドできないので、いっそのこと、絵の具を拭って塗り直した方が良い。ちなみにBは成功例。キレイに2色が混ざり合ってボケているのが分かると思う。

ブレンディングは筆圧をかけない

ブレンディング時の注意として、ボカすときの筆の筆圧にも注意したい。理想のボケあしにならないからと、何度も強く筆で撫でるとDのように絵の具が擦れて取れてしまう。また筆を動かしすぎると、Cのように色が混ざって1色になってしまう。

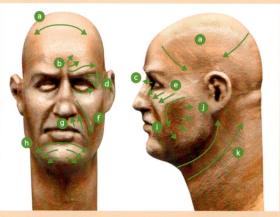

筆さばきの方向

基本的には隣り合う色の境目と平行に筆を動かす。ただし a b h j のように中心から周りへと色が変化していくときは、色の境目とは直角に筆を動かしてボカす。d f h k のようなストロークが長い場合や、c e g のような小刻みな場合など、面の形によって動かす幅を変える。

2-2-3 肌を描く

前項では、顔にシェードとハイライトを入れることを提唱しましたが、実際にはどんな色を塗ればよいのでしょうか。よくある失敗には、生気のないゾンビのような顔色になる（ことがあります。これは肌の色に黒を混ぜて陰をつけたため、絵画では御法度の陰色です。

人の肌は薄く、その下の組織には血が流れているため赤みを帯びます。そのため陰色には赤みを加えると、赤色ではなく肌色と相性がよいでしょう。ただ陰色がオレンジ色に振った色がよいでしょう。ただ陰色がオレンジ色だけではメリハリが付きません。そこで最暗部には青味を加えると、顔のディテールが締まって存在感が高まります。

次にハイライトの色なのですが、白すぎると浮いてしまい、白っぽいとコントラストが付きにくいが、白すぎると浮いてしまいます。そこで少しオレンジ色を加えてピンク寄りにすると肌色とよく馴染みます。

今回調色したパレット。中央にカドミウムイエロー＋カドミウムレッドに少量のチタニウムホワイトを混色した肌の基本色を作り、そこに白を少しづつ増やして混ぜたものがハイライト色。それと同様に基本色に徐々に青を増やして混ぜたものがシェード色になる。このようにハイライト色→基本色→シェード色と続けて調色することで、微妙な中間の色味を取り出すことができる。

基本の肌色

シェード

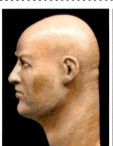

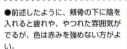 シェード **d**
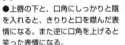 基本の肌色 **a**

- 下地塗りとして、タミヤアクリルのフレッシュを吹き付けてから、ラッカー系塗料のホワイトで白目を塗る。
- 肌の基本色 **a** に、カドミウムレッドとウルトラマリンブルーを混色したシェード色 **d** を、膨らみの下に塗っていく。具体的には眉間や眉毛、鼻、アゴ、頬骨の各下側とほうれい線、耳の中と裏側。この段階ではシェード色は絵の具を「置く」ようなラフな感覚でかまわない。
- 次にそれ以外の所に肌の基本色 **a** を塗る。
- 全ての行程に言えることだが、絵の具の量はできるだけ少なく、薄く伸ばして塗る。

◀シェード色と肌の基本色 **a** を塗る場所は、左の図の通り。ただしこの場所は、フィギュアの造形や表情によって異なるのであくまでも、おおよその参考として見てほしい。

ブレンディング1回目

- シェード色 **d** と肌の基本色 **a** の境目をブレンディングする。このとき筆は乾いたものを使い、筆に付いた絵の具は毎回ウエスで拭いてキレイにしておく。
- この行程では、太めの筆のほうがグラデーションが滑らかになる。また境目をボカすときの筆の筆圧は弱めにする（筆はウインザー＆ニュートン [W&N] の0番もしくは00番）。

- 前述したように、頬骨の下に陰を入れると疲れや、やつれた雰囲気がでるが、色は赤みを強めない方がよい。
- 上唇の下と、口角にしっかりと陰を入れると、きりりと口を噤んだ表情になる。また逆に口角を上げると笑った表情になる。

シェード **e**

ハイライト **b**

シェード2、ハイライト1

- 2回目の陰付け、シェード色 **e** は、先のシェード色 **d** に、再びウルトラマリンブルーとカドミウムレッドを加え、シェード色 **d** の上に塗る。
- 1回目のハイライトは、基本色 **a** にチタニウムホワイトを混ぜたハイライト色 **b** を基本色の上に塗る。
- この2色は、前の色が乾く前に塗ったほうがよい。

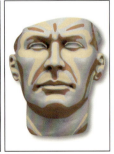

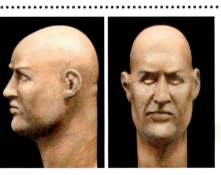

ブレンディング2

- シェード色 **e** とハイライト色 **b** をブレンドする。この行程までくると、塗った絵の具の量が多くなってくるので、筆さばきのストロークを小さくしないと、すべての色が混ざってしまうので注意する。筆さばきは、筆圧を極力抑えて、ストロークを小さくして塗る。

- シェード色 **e** とハイライト色 **b** は前行程の色と同じ場所に塗るが範囲は内側に狭く塗る。
- 2回目のブレンディングはボカす範囲が狭くなる。ぼかすような狭い場合は無理にボカさなくてもよい。
- 過度な陰影が必要なければこの段階でフィニッシュとしてもよいだろう。

●目頭や眉間にシェード色fを塗ると顔が引き締まって目力が増す。また日差しの強い屋外にいる雰囲気が出る。
●口角の上下やあごの上と、涙袋の中よりや目尻の下側に強いハイライトを入れると立体感が増す。

シェード f
ハイライト c

シェード、ハイライト３

●3回目の陰付け、シェード色fは、先のシェード色eに、さらにウルトラマリンブルーとカドミウムレッドを加えて最暗部に塗る。
●2回目のハイライトは、ハイライト色bにチタニウムホワイトを混色（ハイライト色c）し、顔の膨らみの頂点に塗る。
●この作業も絵の具が乾く前に行なう。
●写真では確認しにくいが、2色を塗った範囲はかなり小さい。

●シェード色fとハイライト色cを塗る所は、見ての通りかなり細かい。微妙な塗りかりの変化で、目もとや口もとの喜怒哀楽を表現することができる。
●ここで使う筆は基本、W&Nの00番で細部の描き込みは000番を使用する。

ブレンディング３

●シェード色fとハイライト色cは塗るのではなく、細い線で描くように色を載せる。頬や額など滑らかな変化をつけたいところは、筆のストロークを強めて、まわりに馴染ませる。また目もとや口もとのような強調したい所は、塗りっぱなしにしておこう。
●塗装の工程もここまで来ると、一旦乾燥させて、不自然だったり気に入らない所を、塗り足して、ブレンディングして、と行程を行きつ戻りつ仕上げる。

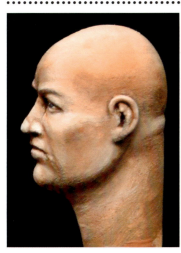 

 眉毛（ベース）
 唇
 眉毛（ハイライト）
 ヒゲ剃り跡

仕上げから完成へ

●最後に各ディテールを仕上げていく。眉毛は頭髪によって違いがあるが、ベース色で描いてからハイライトを入れる。唇は赤紫＋白、ヒゲ剃り跡は肌色＋赤紫で塗るが、実際には周りの肌色と馴染んで複雑な色味になる。
●次にトップコートを吹いてツヤを消して、グレーズ技法で肌の色に変化をつける。この技法は薄めた絵の具を重ねて塗ることで、先に塗った色に深みを与える技法。肌は肌色1色ではなく、薄い皮膚が下の組織に影響し、赤味や青味などが混じっている。これを薄めに溶いた赤や青を塗って再現する。また最暗部に深みは紫にローアンバーを混ぜた色を差す。
●グレーズで絵の具を薄めるときは溶き油を使うが、油彩画では乾燥が早まるリンシードオイルを入れる。この画用液はツヤがでるので、つや消しで仕上げるなら注意する。

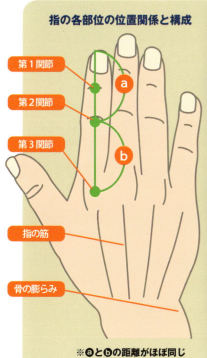

指の各部位の位置関係と構成
- 第１関節 — a
- 第２関節 — b
- 第３関節
- 指の筋
- 骨の膨らみ

※aとbの距離がほぼ同じ

1

2

3

手を塗りこむ

❶手も顔と同様に、アクリル塗料のフラットフレッシュで塗装して、肌色の下地を作っておく。次にシェード色dを指の間や銃と触れている部分に塗る。また写真でいうと右手の甲のオーバーハングした部分や、左手の小指から手首の下側にもシェード色d色を塗る。
❷次にハイライト色bを、指の筋や膨らんでいるところに塗る。写真では右手の第2関節から指先にかけてと、左手の手首から親指の付け根の辺りに強めのハイライト色cを入れた。そしてシェード色dとハイライト色bの境をブレンディングする。ツメはハイライト色cに少量のカドミウムレッド＋ウルトラマリンブルーを混色し塗る。
❸最後に関節の膨らみにはハイライト色cを塗って周りをボカして膨らみを再現する。
●ただ関節の位置が曖昧な場合も少なくないので、迷ったら左の図を参考に節や筋を確認しよう。
●わかりやすい指の付け根の第3関節を基点に、そこら指先までの半分の距離のところに第2関節がある。第1関節は第2関節から指先までの半分に位置する。※第3関節は横一列に並んでないので位置に注意。
●手の甲には手首から各指の付け根に向かって、扇状に筋が入る。その筋もまたハイライト色を塗ってから周りをぼかし、各筋の間にシェード色dをグレーズする。最後に褐色に塗ったツメの上からハイライト色bに少量のカドミウムレッド＋ウルトラマリンブルーの混色を、先端以外の輪郭を残すように塗り重ねる。

2-2-4　目を描きこむ

●蛇口や木目が顔に見えたという経験は誰しもあると思う。人は人間の顔に敏感に反応するという。そのため要素が多いダイオラマのなかでもフィギュアの顔はよく目立つ。そんな顔の中でも最も目立つ箇所が「目」である。

●フィギュアの目を描く時「目が大きい」「目袋に瞳を描いてしまった」など、いちどは経験したことがあると思う。これは対象がよく見えてないことと、塗料の粘度調整ができていないことが原因だ。モノが見えれば塗料を的確に置くことができる。そのため、よく見えるように作業環境を明るくし、高倍率の拡大鏡を使えば克服できるだろう。

●塗料の粘度も需要で、塗料が薄いと滲んでしまい、濃いと塗る前に乾いてしまう。そんな問題を解決するのが油絵の具。粘度が高めで線が引きやすく、乾燥も遅いので少量の絵の具でも位置決めに時間をかけられる。また失敗してもうすめ液ですぐに消せる。上達に悩んでいるなら瞳だけでも油絵の具を使ってみてはどうだろう。画材の中でいちばん点描しやすいこともあり、アイペイントに最適な画材だ。

●目の形も重要だ。よくありがちな失敗で、輪郭をラグビーボールのように楕円状に描いてしまうこと。目の輪郭は、上まぶたが目頭の方へ下がり、下まぶたは目尻の方へ上がる。ちょうど平行四辺形をイメージして描くとよい。また瞳は見る方向にもよるが、上半分が上まぶたに隠れている。

●外国人の目は「青い」というのは間違いではないが、どの地域でも見られる最も多い瞳の色は茶色だといわれている。他にも淡褐色、琥珀色、灰色などあるが、青い目は減少傾向にあるようで思われているより少ないようだ。

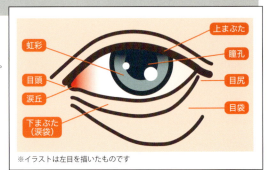

※イラストは左目を描いたものです

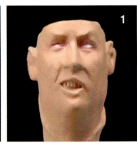 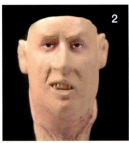 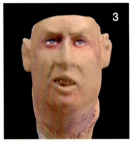 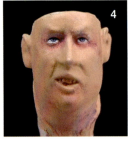 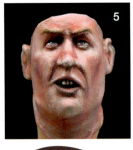

1 目のモールドをラッカー系塗料の白で塗る。白目は真っ白ではないが、後から薄めた色を重ねるため、この段階では白くてよい。ただ目頭の涙丘に赤＋白の混色を点描し、目の中心方向へボカしておく。

2 次に瞳を描き込む。瞳は上側の1/3を上まぶたに隠しておく。ちなみに上側を隠さず、真円の瞳を入れると驚いた目になる。瞳と同時にアイラインを入れる。肌に使うシェードの一番暗い色を使い、まぶたの影を意識して、少し太めに線を描く。瞳は（青色の場合）青＋茶色で描き込む。なおここまでの行程でも充分リアルな目に見えるので、これで完成しても構わない。

3 ここからはさらに目の描写にこだわってみる。瞳に続いて虹彩を描き込む。虹彩は中心へ色が明るくなるが、このスケールでは無理なのと、再現できても裸眼で確認することはできない。なので2で入れた濃い青を、輪郭として残すように薄い青を入れる。虹彩の色は白＋青に少量の黄を混ぜる。

4 虹彩が乾いたら瞳孔を描き込む。瞳孔は2の瞳の色を使い、瞳の中心に円を描く。瞳孔のサイズは虹彩が小さいと瞳が薄くぼやけてしまうので、虹彩を大きめに描いて目をはっきりさせる。

5 次に肌に使うシェード色で下まぶたの際を描く。本来は上下のまぶたは切れ目なく繋がっている。上まぶたの目頭と目尻が、下まぶたに被るように描くと立体感が出る。最後はハイライトを白で点描する。失敗してもこに描いた部分が油彩なので、乾燥していれば溶き油で拭き取れる。最終的には下まぶたの上側に肌のハイライト色を塗り、下側に肌のシェード色を描き込んで、まぶたの膨らみを再現する。

6 繰り返しになるが、ダイオラマのフィギュアの瞳に意図がなければ、瞳孔や虹彩まで描かなくてもよい。ただ描いてみるとフィギュアペイントの楽しみを体験することができる。

目を描かないイージーフィニッシュ

●「フィギュアの目を描くのが苦手で…」という意見をよく耳にするが、ならば目を描かないで仕上げてみてはどうだろう。日差しが強い屋外へ出ると、あなたの目はどう変化するだろうか。おそらくすべての人が眩しくて目を細めるはず。次はその細めた目を遠くから見て、瞳や白目を確認してほしい。距離が離れれば離れるほど目は細くなり、最終的には眉の陰と一体化してしまう。もちろん日差しの強さ、帽子やヘルメットの有無により変化するが、たいていの場合は目を確認することはできない。これを1/35スケールに置き換えると、目を描く必要がないことがイメージできると思う。

A ここでは目を描かない方法を紹介する。タミヤエナメルと「モデリングブラシPROⅡ 面相筆」を使う。仕上がりに影響するので、筆はよいものを選ぶ。

B 使用したヘッドはドラゴンのインジェクションキットのパーツ。表面をスポンジヤスリで軽く整えたのみで、下地にアクリル塗料のフレッシュを塗る。そこにエナメルのフラットフレッシュ＋フラットイエロー＋フラットレッドの混色でシェードを描き込む。

C シェード色の輪郭をエナメルうすめ液でボカす。

D フラットホワイト＋フラットフレッシュでハイライトを塗る。なお下まぶたに明度の高いフレッシュでハイライトを入れると、白目に見えるので色味に注意する。

E ブレンディングして周りの肌色に馴染ませる。

F 目は描き込まず写真のように濃いシェード色を塗っただけ。この仕上げでは眉毛も唇も描いてない。

G 強い太陽光の下では、白目はおろか瞳も眉上弓の影に隠れて見えない。ここで塗ったヘッドは、瞳を描き込んで作ったヘッドの1/3の時間も掛かってないが、目があるように見える。

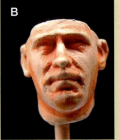 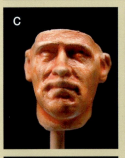

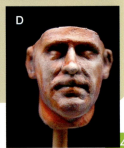 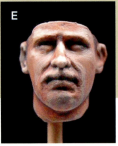

2-2-5　頭髪と髭を描き込む

栗毛と金髪の頭髪の色

	栗毛（ブリュネット）	暗い金髪（ダークブロンド）	金髪（ブロンド）
ハイライト			
基本色			
シェード			

外国人で地毛が金髪の人は比較的少なく、あまり一般的ではないようです。白に近いプラチナブロンドは北欧あるいは子供に見られ、赤毛はもっとも珍しい髪色といわれています。それに比べて栗毛や黒髪は、あらゆる地域や民族で見られる、ごくありふれた髪色です。頭髪の色に迷ったら栗毛にしておけば間違いないでしょう。ここでは移民が多いアメリカ兵らしさをだすために、栗毛を取り上げて解説したいと思います。
ヒゲはキャラクターの違いをだせる要素で、口周り、頬、もみあげからあごにかけて描くとガラリと印象を変えることもできます。■

● 頭髪もフラットブラックを塗っただけでは頭髪に見えない。ここでは代表的な毛色を3種類選び、タミヤエナメルの色に置き換えて紹介する。
● 栗毛の基本色はフラットブラウン+フラットブルーを基本色とし、基本色+フラットアースがハイライト色。基本色+フラットレッドがシェード色になる。
● 暗い金髪はカーキドラブ+デッキタンを基本色とし、基本色+デッキタンがハイライト色。基本色+ラバーブラックがシェード色になる。
● 金髪はダークイエロー+フラットブラウン（少量）を基本色とし基本色+フラットホワイトがハイライト色。基本色+カーキドラブがシェード色になる。
● 頭髪にはツヤがあり、髪型や髪質も違いがある。各ハイライトに白を混ぜた明るい色を塗り足せば、髪の流れが強調できる。

 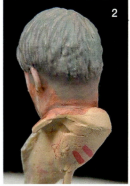   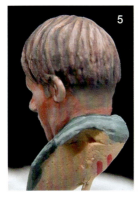

1 はじめに下地として、茶色に白と青を混ぜた色を全体に塗る。色味は明度を下げて暗い方がよい。
2 後頭部は大戦中の兵士らしく、刈り上げた襟足がポイント。襟足の形には個人差があり、裾の位置は鼻から口の間の高さの目安にする。また裾の形は丸く弧を描いたモノや、両端が下に伸びたみつえりなどさまざまで、個性を出すことができる。記録写真や第二次大戦を題材にした映画の役者を参考にするのもよいだろう。襟足の色は頭髪の基本色に肌色を混ぜたものを塗るが、下地の肌を透けさすと雰囲気が出る。また上から下へ肌色の量を多くしてグラデーションする。
3 下地を乾燥させてから栗毛の基本色を塗る。色は茶色に少し肌色を混ぜたものを頭髪の基本色とした。全面をベッタリ塗るのではなく、面相筆を使って髪の流れに沿って線描きする。また先に塗った下地を部分的に残しながら、毛の流れや頭髪に表情を付けていく。
4 最後に栗毛の基本色に白を混ぜた色で、ハイライトを入れる。

作例では分け目を中心にサイドから頭頂部の手前辺りに、単調にならないよう配色した。またハイライトの間にはシェード色や赤みを加えた基本色を描き込むと表情が付く。さらに茶色+青を混ぜたシェード色をうすめ液で希釈して、部分的にグレーズして毛の色に深みを与える。最後に分け目やつむじに肌の基本色を描き込んで、頭皮を再現する。
5 襟足の刈り上げた部分に**4**で使用したシェード色をグレーズして立体感を付けてみた。

   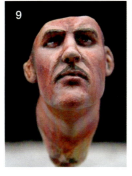

6 ヒゲ剃り跡はP43で紹介したハイライト色●に少量のカドミウムレッドとウルトラマリンブルーの混色を塗る。イメージは黄味あるいは赤味のあるグレーで、周りの肌と良く馴染ませる。
7 なかには**6**の色に茶色を更に加えた色で、もみあげからあごにかけて濃い無精ヒゲを描いて、薄汚れた雰囲気をだしてみた。
8 9 口ヒゲはシェード色●やそこにウルトラマリンブルーを足した色を使用。**8**は黒くボリュームのあるヒスパニック系をイメージした髭。**9**は上唇の縁に沿って整えたヒゲで、やんちゃなイメージを演出した。

女性フィギュアを塗れば分かる、男性らしさと女性らしさ

男性の顔を塗って「荒々しさや凄みが物足りない」「幼くなる」といった経験はないだろうか。もっと男らしさを強調したいと思うなら、いちど女性フィギュアを塗ってほしい。「男性の輪郭が角張っていれば、女性は丸みを帯びている」など対照的で、女性を塗れば男性らしさが何処なのか気付くことも多いだろう。

● 女性は角がなくシルエットやパーツは丸みを帯びている。陰影は弱くグラデーションは滑らかにつける。
● 眉も丸みがあるアーチ形。目の輪郭は、切れ長で鋭角な男性に比べて、まつげの分、アイラインは太め。瞳はギリギリまで大きくパッチリさせると女性らしい。
● 鼻のハイライトは抑えめで小さい方が女性的。
● 口は下唇を少し厚めにするが、男性ほど口角を伸ばさない。色味はピンク系だが明度を上げたほうがよい。
● ちなみに男性らしさは、肌色は暗く、形は角張ってしわがあり、陰影を強めるとそれらしくなる。

第2章：フィギュアの塗装

2-3 フィギュアの服装を塗装する

ヘッドとは異なり、多様なマテリアルの集合によって構成されるのがフィギュアの衣服だ。ここでも布地の質感を表現するためにシェードとハイライトを加えて塗装するが、部位、材質によって仕上げ方を変えることで一層リアルな仕上げを目指す。ここでは装備品を含めたそれぞれの質感のある塗装方法を提示する

「高さ5cmという小さなサイズの中に、どれだけ情報を描き込めるか」と修行をしているわけではないのですが、携行品を装備する歩兵の場合、塗るところがたくさんあります。ぎっしりと詰め込まれたディテールを、ひとつひとつ丹念に塗り分けると一気にフィギュアの情報量が増すことができるでしょう。そんなフィギュアをダイオラマ上に数体集めれば、作品の密度は格段に上がります。そして「よく作られたフィギュアは戦車一台の存在感に匹敵する」フィギュアの塗装はそんな可能性を秘めているのです。

フィギュアの塗装がうまく仕上がるかどうかは、細部の正確な塗り分けにある。装備品やシワ塗りなど、はみ出さずに丁寧に塗ることができれば成功したも同然。あまり「ブレンディングが……」と陰影のグラデーションに捕われず、まずは各部をキレイに塗ることからはじめよう。

2-3-1 タミヤエナメルでフィギュアを塗る

1 タミヤエナメルは、モデラーなら誰もがいちどは手に取ったことがある定番の塗料。特長は塗料の伸びの良さ、筆ムラができにくい、乾燥が遅くブレンディングしやすい、などフィギュア塗装にあった塗料といえるだろう。ただ使用前に撹拌棒でキレイに混ぜないとツヤが出る。ここでは軍装の基本色と、そのハイライトとシェードで使用した色を紹介する。フィールドジャケットに使用した5色は、フラットホワイト、バフ、デザートイエロー、フラットブラウン、カーキドラブ。
2 HBTズボンとウールのズボンに使用した5色は、フラットホワイト、オリーブグリーン、フラットブルー、フィールドブルー。
3 筆はウィンザー＆ニュートンのシリーズ7を使用。穂先は最高級のコリンスキーセーブルブが使われて、塗料の含みと描き味、耐久性に優れている。太さはNo.1、No.0、No.00、No.000で、基本的にはこのなかで一番太いNo.1でこと足りる。ブレンディング時のボケあしを滑らかにするには太めの筆が必要だ。布の縫い目やボタン、バックルなどのディテールはNo.000で描き込む。ほかの2本は、シワの太さに合わせたり、小物のサイズにより適宜使用する。顔塗りには同シリーズの毛先が短い「ミニチュア」という筆を使っている。「値が張る道具を沢山揃えて！」とあきれるかもしれないが、ようは安い筆で苦労するか、高い筆で楽するかということだ。ほかにも文盛堂の極細面相筆ウッディフィットを用意。下塗りやウェザリングなどに使いやすい。筆拭きのペーパーウェスとして準備したのはキムワイプ。これは必須で作業に安いティッシュを使うと、フィギュアがホコリまみれになるので注意する。うすめ液はタミヤのエナメル溶剤も使うが、油彩画で使う揮発性油のターペンタインも用意している。ターペンタインは蒸発が早く、塗料の溶解性が優れ筆さばきがよくなる。また早く乾くのでグレーズで塗料を薄める溶きに使用する。多く使うとツヤがなくなるので、ウォッシングのうすめ液にも向いている。
4 本作のフィギュアの塗装で使ったペーパーパレットの様子。それぞれに調色しているのがわかる。上段の右がウールパンツ、左がフィールドジャケットと装備品。下段はHBTズボンで使用した色。タミヤエナメルは完全に乾いても、うすめ液を流せば、再び使うことができる。
5 筆塗りの失敗でよくあるのが、同じ箇所を繰り返し塗ることで、先に塗った塗膜が溶けてしまう「下地が泣く」という状態。フィギュアの塗装はブレンディングするときに同じ箇所を何度も塗る。このときに下地が泣きやすいので、筆さばきは筆圧を下げる。

フィギュアの塗装には、油絵の具、水性アクリル塗料、エナメル系塗料の3種類が広く使われています。油絵の具は発色よく粘度調整とブレンディングが容易。水性アクリル塗料は、乾燥の早さとキレイなツヤ消し塗膜、薄く塗り重ねるレイヤー塗りで深みのある質感表現が可能です。

ここで紹介するタミヤエナメルはブレンディングとレイヤー塗りのどちらの技法も行なえます。このメリットは大きいです。安価で入手しやすいタミヤエナメルは、手軽に試すきっかけになります。また愛用者も多く、海外にもこの塗料で素晴らしい作品を生み出すペインターも居られます。ここからはタミヤエナメルでのフィギュアの塗り方を紹介したいと思います

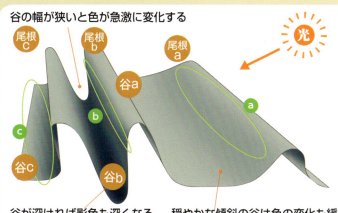

谷の幅が狭いと色が急激に変化する

尾根c　尾根b　尾根a　光
谷a
c　b　a
谷c　谷b

谷が深ければ影色も深くなる　穏やかな傾斜の谷は色の変化も緩い

■ 浅い谷の影色
■ 深い谷の影色
◯ 明暗境界線

●上の図は衣服のシワに光が当たってできる陰の様子を図解したもの。光源を右上に設定し、物体の光が強く当たる出っ張りや膨らんだところが「ハイライト」。そして光が当たらない窪みや物体の下側が「シェード」になる。
●尾根❶から谷❷のような傾斜が緩いと明暗境界線（以下境界）❸もぼんやりする。反対に尾根❶から谷❷のような傾斜が急な場合は、境界❸もハッキリする。
●尾根❶から尾根❷のようにシワの間隔が狭くなると色も急に変化する。
●谷❸のような急な傾斜からなだらかになる境界❸では、色の変化に緩急がつく。
●境界❶のなだらかな変化は、厚手のウール生地に見られる。境界❷の急な変化は、生地が硬い革ジャケットの場合が多く、境界❸の緩急が付く生地は薄手のバリッとしたHBTなどでよく見られる。
●これらの特長は生地の状態によっていずれにも当てはまる場合もある。

陰が付けば形が明確になり、状況も示唆できる

●右のイラストはフィギュアに陰を描いた状態と描かない状態を再現したもの。Ⓐは陰影表現はせず各部を塗りっ放したもので、Ⓑは陰影をつけたもの。陰影をつけることで陰影の形が明確になり、質感もイメージしやすくなる。
●Ⓑはコントラストを弱めてリアル風に仕上げたもの。服の明度を下げれば光源が弱く感じる。
●Ⓒはコントラストを強めた絵画調。

●作品ごとに同じコントラストで陰をつけても良いが、陰影の付き方で状況を説明することもできる。たとえばアフリカや太平洋などの日差しが強いところでは、陰を強めに描き込んだり、曇天のアルデンヌなら明度を下げてコントラストを弱めたりと、陰影の付き方次第で、周りの状況を補填することもできる。

シワに陰影を付け存在感を高めよう

紙に円が描いてあるとします。それを見ただけでは円盤なのか球体なのかは分かりません。それではその円が球体だとします。その絵をひと目見ただけで球体だと分かるようにするには、どうすればよいでしょう。そうです、その円に陰を描くのです。
　フィギュアの陰の描き込みも同じ理屈で行ないます。とはいえフィギュアは立体物。光が当たれば自然に陰がつくものです。ただ私達が塗る対象物は5cmの小さなミニチュア。そこに光が当たると繊細なモールドは白飛びします。
　ならばモールドに陰を描いてみましょう。すると、いままでぼんやりしたフィギュアのディテールが浮き出して、小さなフィギュアの存在感が高まります。
　実際に作業する前に陰がつく仕組みについて説明したいと思います。陰は光が当たる明部とは反対の面につきます。そして明部と陰の境目が明暗境界線となります。明暗境界線はどんな場合でも均一に明部から暗部へと変わるわけではありません。左の図を参考に服のシワで例えると、シワの傾斜がなだらかな場合は陰も薄く、傾斜が急で深いと陰は濃くなります。

Ⓒ　Ⓑ　Ⓐ

2-3-2　服の塗装をする前の準備

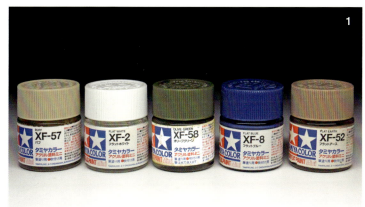

❶下塗りとして使う色は左からタミヤアクリルのバフ、フラットホワイト、オリーブグリーン、フラットブルー、フラットアースの5色。
❷M41フィールドジャケットとレギンスの基本色として、バフ+フラットホワイトの混合色を使用。エアブラシで塗装する。
❸HBTズボンはオリーブグリーン+フラットホワイト+フラットブルーの混色。ウールのズボンはフラットアースを吹き付けた。2色ともフィールドジャケットの境界はマスキングせずに吹く。ズボンの色はなるべくはみ出ないように塗装するが、最終的にはエナメル系塗料で塗るので、ここでキレイに塗り分ける必要はない。

フィギュアの塗装はいきなり筆で塗ってもよいのですが、繊細なディテールが塗膜で埋まらないように、できるだけ塗膜をうすく仕上げたほうが良いです。そこで今回はエアブラシで、下塗りをすることにしました。ただ下塗りにこの塗膜が溶けて泣かないように、タミヤアクリルを使います。全体にベタ吹きすると近似色で構いませんが、脇や股などの入り隅や、装備品の隙間のような筆が届きにくいところには、予めラバーブラック（XF-85）を吹き付けておくと良いでしょう。

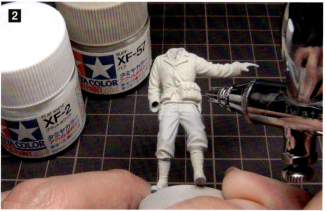

2-3-3 上衣を塗る

北アフリカから、ノルマンディー上陸作戦までの欧州の全域で着用したM41フィールドジャケット。ハリのある生地のために薄く見えますが、コットンポプリンの表地と、ウールフランネルの裏地により、見た目以上に量感があります。色はライトODと呼ばれているカーキ。アフリカ戦線を想定した配色といわれていますが、汚れがよく目立ち欧州戦線では不評だったとか。生地の摩耗や使いにくさも相まってM43フィールドジャケットへと移行していきました。塗装のポイントはボリュームあるパリッと感。ボケあしに強弱をつけ質感を表現します。陰色の彩度を落として汚れた風に仕上げても良いでしょう。

■ 1 上段がフィールドジャケットに使用した色で下段はHBT (ヘリンボーン・ツイル)ズボンのもの。両段とも真ん中のⒸとⓗを基本色として、左側がハイライト、右側がシェードに使用した色。アメリカ軍の装備品の色はカーキ系なので、その色と被らないようにジャケット用の色の明度を上げている。

■ 2 3 はじめにジャケットの基本色Ⓒ(バフ+フラットホワイト)を塗ってから、シワなどのディテールにシェードⓓ(Ⓒ+デザートイエロー+フラットブラウン+カーキドラブ)を描き込む。

■ 4 次にシワの上側や、ディテールの突起部、膨らみにハイライトⓑ(Ⓒ+フラットホワイト)を描き込む。

■ 5 シェードとハイライトの境界をブレンディングして馴染ませる。このとき、なだらかなシワにはボケ足を伸ばして階調の変化を付ける。また深いシワは、あまりボカさずに極端な階調を付けてメリハリを効かすと、M41フィールドジャケットらしくなる。

■ 6 ハイライトⓐ(ハイライトⓑ+白)を、襟や肩、背中の上側やシワの頂点に描き込んでディテールを強調する。

■ 7 8 シェードⓔ(シェードⓓ+カーキドラブ)で脇やウエスト周りからシワの底を暗く塗る。またこのシェードⓔはベルトやマガジンポーチなどの装備品と身体の際や縫い目の線に使用する。最後にブレンドのあまいところや塗りの荒いところを再度ブレンドして仕上げる。シワの塗り込みは、手をかければかけるほど解像度が上がり、完成度や見応えが増すで止め時がむずかしい。作例のフィギュアは単体としてみせるのではなくダイオラマの要素のひとつでもあるので、もう少し陰影を省略しても良いだろう。

● フィギュアのシワに陰を描き込むとき「どこに描くか」で筆が止まった経験がだれにもあるだろう。絵画なら一方向から照らされてできる陰を描き込めば良いのだが、立体のフィギュアの光源を一方向に設定すると、光が当たらない面はすべて陰色になってしまう。そこで昔から採られている方法がフィギュアの真上に光の傘があるという考え。60度の角度で、光がどの面にも差した際にできる陰を描いていく。ただ必ずこの理屈が通らない箇所が出てくるが「適当」にごまかせばよい。

フィギュア専用の治具を活用しよう

● 1/35フィギュア用塗装治具 税別4000円〜
㈱注文家具工房 TGIF mail:tgif@oldjunkstyle.com

● フィギュアをうまく塗るコツはいろいろあるが、スムーズな筆運びをするために塗装対象と筆がぶれないようにすることが大切だ。そんなフィギュアをしっかりとホールドすることができるのがTGIFの「塗装治具」。本体は木製で手触りが良く、長時間の作業も苦にならない。リングの端にはボタンがあり、そこに軸(作例はランナー)を付けた対象を固定する。軸を回せば、どの面も塗ることができる。また対象を固定するボタンは赤矢印の方向に回すこともできる。顔の正面を塗っている途中に、側面から後頭部を塗りたいとき、ボタンを後方にスイングさせれば後頭部から頭頂部まで塗りやすくなる。常にベストなポジションで作業できるので、塗装のハードルを下げることができるのだ。

2-3-4　ズボン(トラウザーズ)を塗る

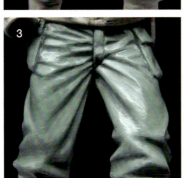

HBT(ヘリンボーンツイル)ズボンは欧州、太平洋に限らず各戦線で着用され、ゴワッとした質感ながら風通しがよく、見ためほど厚みはありません。織り方に特徴があるHBT生地は、遠目から見るとストライプのような立て筋が見て取れます。筋は塗装で表現できますが、すべてのフィギュアに描くとくどくなるため、本作では省略しました。

一方ウールパンツは、「耐久性に乏しく破れやすい」「生地が濡れると縮む」など、使い勝手はHBTズボンのほうが良いようです。生地の色からマスタードパンツとも呼ばれていますが、ノルマンディー以降の戦線では、ウールパンツが多く着用されています。ただ生産ロットにより色に違いがあり、本作ではジャケットとの色の差をだすために、赤味を少し強めて塗装しました。また、生地の柔らかさをだすために、階調を滑らかにブレンディングしています。

■

① はじめにズボンの基本色となる色ⓗ(オリーブグリーン+フラットホワイト+フラットブルー)を全体に塗る。シワの下側にはシェードⓘ(基本色ⓗ+フィールドブルー)で陰を描き込み、シワの膨らみには基本色にフラットホワイトを混ぜたハイライトⓖを塗って立体感を強調する。その後2色の境界をブレンドする。

② シワの最暗部にはシェードⓙ(シェードⓘ+フィールドブルー)で深みを増してやる。シワの最明部にハイライトⓕ(ハイライトⓖ+フラットホワイト)を部分的に塗る。

③ シェードとハイライトが塗り終わったら2色をふたたびブレンディングし、細部を整えて仕上げる。何度もブレンディングしたことで塗面にツヤが出てきたが、最後につや消しのトップコートを吹けば、ツヤを消すことができるので気にせずこのまま作業する。

④ ウールのズボンはフラットアースを基本色として塗装する。シェードにはフラットアース+フラットブラウン+カーキドラブの混色を使い、ハイライトはフラットアース+フラットホワイトの混色を使用した。塗り方はHBTズボンと同じだが、ウールのズボンは柔らかいので、シェード色とハイライト色の2色の間を滑らかに馴染ませる。

2-3-5　縫い目、やぶれを描き込む

衣服は一枚の布からできているのではありません。袖や見頃、襟などのパーツを縫い合わせることで、衣服の形になるのです。そんなパーツを繋ぐ縫い目はフィギュアの場合、モールドされているものと、そうでないものに分かれます。モールドがあれば説得力が増して、服の作りにオーバースケールで確実には過剰だといえます。しかしながら本作では密度アップを優先し仕上げにはリアルな仕上げ目を描き込むことにしています。

■

① イラストは赤い線が主な縫い目で、青い線がそのハイライトを示している。縫い目が足や腕などの側面で縦方向にある場合は、縫い目の後ろにハイライトを入れる。また縫い目がレギンスの縁や水平方向にある場合は下側に入れる。また襟やポケットの縁にある縫い目は、方向と関係なく外側に描き込んで別パーツ感を強調した。レギンスは左右で布の仕立て方が違うので正面にある縫い目のハイライトは両方とも内側に描き込んだ。

② 縫い目は濃いシェード色をモールドに沿って、面相筆を使って描き込んでいく。作業時に線がはみ出したり太くなるのはよくある話。そんなときはうすめ液を少し含ませた筆で、線のキワを拭き取るとよい。

③ 縫い目の隣に入れるハイライトは、基本色に白を足した色で描き込むが、すべて同じ色を使うのではなく、シェード部の縫い目は明度を落とした色を使えば基本色とよく馴染む。

④ 布の破れは、はじめにズボンの内側をシェード色で塗装し、破れた縁と垂れた布をハイライト色で塗る。

⑤ 布が破けてあまり時間が経ってないなら、④の状態でもよいだろう。このフィギュアは破れを縫う暇もない状況を表現したかったので、垂れた布に基本色で筋を入れてほつれた状態を再現した。さらに垂れた布の輪郭にそってシェード色を描き込んで、立体感を強調する。

2-3-6　ブーツとレギンスを塗る

❶レギンスの塗装は、はじめにシワの下側や縫い目に陰を描き込む。ひもの下側に濃いめにシェードを入れると精密感が増す。
❷ハイライトはおもにシェードの上側に入れるが、足の甲やふくらはぎの上側にも入れると足の量感が増す。
❸キャンバス製のM1938レギンスは硬そうな質感に見えるように、シェードとハイライトのボケ幅を狭くブレンドした。
❹ブーツは基本色としてタミヤエナメルのフラットブラウンを塗り、それにカーキドラブ＋フラットレッドを混ぜたシェード色でレギンスの裾とアウトソールの際を描き込む。さらにつま先とアッパーにかけてと、ヒールの上側にフラットブラウン＋フラットホワイトを混色したハイライトを塗ってブレンディングして馴染ませる。最後につま先の後側に凹みを中心に薄めたシェード色をグレーズして使用感をだしてみた。
❺靴ひものディテールは消えかかっているが、ハイライトとシェードを描き込むだけで、それらしく仕上げる。さらにアンクルブーツにみたてて、アッパーにトゥ・キャップのラインⒶを描き込んだ。（トゥ・キャップのラインはシェード色を使用）

2-3-7　各種装備品の塗装

❶装備品の塗装は細部の塗り分けが多いため、粘度の高い油絵の具を使う。下塗りとして最初にファレホアクリル（以下VA）のカーキ＋バフを塗る。
❷フラップの下側やポーチの間にローアンバーでシェードを描く。
❸ポーチの表面にイエローグレー＋モノクロームチントウォーム＋パーマネントホワイトを塗る。ここでも顔の塗装と同様に溶き油は極力使わずに、絵の具もなるべく少なく、薄く伸ばす。
❹シェードと基本色をブレンドする。このとき乾いたキレイな筆を使う。
❺絵具が乾いたら、フラットクリアーでツヤを消す。その上から薄めた絵の具でハイライトやシェードをグレーズして、階調の幅を広げる。最後に縫い目やボタンなどのディテールを描き込む。
❻❼❽水筒やスコップのカバーは、マガジンポーチと同じ色を使う。フラップの縁が薄緑なのでテールベルトオペイク＋パーマネントホワイトの混色で縁取る。
❾❿スコップの柄はラッカー系塗料のタンを塗り、その上にVAのリフレクティブグリーンを塗る。塗料が乾燥したら塗膜をナイフで削って木の下地を出す。最後にローアンバー＋ウルトラマリンブルーで窪みを中心にグレーズする。
⓫⓬⓭ホルスターはVAのフラットブラウンを塗ってからシェード部分に油絵の具のローアンバー＋ウルトラマリンブルーを塗る。ほかの箇所にバーントシェンナを塗ってブレンディング。バーントアンバー＋ウルトラマリンブルーを薄めて、フラップの下側やモールドにグレーズする。

2-3-8 スリングとベルトを塗る

[1][2]アメリカ軍が第2次大戦で使用した装備品は、ベージュ系の色が多く使われている。本作のフィギュアはすべてM41フィールドジャケットを着用しているため、上衣と装備品が溶込んで塗装映えさせにくい。そこで装備品の周りに上衣のシェード色を塗って、装備品の立体感を強調する。ただ装備をなぞるだけでは境界がくどくなる。描き込んだシェード色は、うすめ液で回りにぼかして馴染ませる。

[3]第2次大戦のアメリカ軍の装備は、工場やロットによりカーキ、オリーブドラブ（以下FOD）、ライトOD、など色にバリエーションがある。これを踏まえて装備品の色は、上衣の色とかぶらないよう調色する。このフィギュアのスリングはタミヤエナメルのダークイエロー＋バフで塗る。ベルトの凹凸に合わせてハイライトとシェードを塗り足して立体感をだす。バックルなどの金具類は小さいので、乾燥が早い模型用塗料を使うと苦労する。そこで乾燥の遅い油彩（ロ

ーアンバー＋ウルトラマリンブルー）で細部を描き込んだ。
[4]カートリッジベルトも上衣と色味の変化が付くようにバフ＋カーキに少量のフィールドグレーを混ぜて緑味のある色で塗装した。
[5]先のベルトの色に白を混ぜたもので、ベルトの中寄りにハイライトを入れ、装備品との境目のシェードにベルト色＋カーキドラブを塗る。ハイライトとシェードはブレンドしてベルト色と馴染ませる。
[6]最後にベルトに装備品を引っ掛けるハトメを、ローアンバー＋ウル

トラマリンブルーで描き込む。このような点描も油絵の具なら描きやすい。なおベルトの横筋は、思いのほか描き込みに時間が掛かったので最終的に省略した。
[7][8]細部を描き込んだ状態。情報量が増えフィギュアの見せ場が増えた。

2-3-9 ヘルメットの塗装とウェザリング

[1]大戦中、アメリカ軍が使用したM1ヘルメットは、光が反射しないように、ツヤが消されている。そこで本作のヘルメットも、GSIクレオスのオリーブドラブ(1)に、フラットベースなめらか・スムースを混ぜあわせ、エアブラシで吹き付けた。写真のいちばん手前は衛生兵に被せるヘルメット。赤十字のデカールを貼るために、表面はグロスのままでツヤは消さない。
[2]ヘルメットは顔と一体なのでよく目立つ。単純にウォッシングで仕上げてしまうと味気ない。塗り込んだ顔や体とのバランスをとるために、油絵の具を使って変化を付ける。まずは青、緑、茶などの絵の具を点描し、ターペンタインを極わずか含ませた筆で叩いて馴染ませる。

3 絵の具を全体に馴染ませたら、ヘルメットの上部に明るい色（イエローグレー、パーマネントホワイト）を載せ、下側に暗い色（ローアンバー、バーントアンバー、ウルトラマリンブルー）を載せてから2での工程と同様に馴染ませる。
4 ヘルメットの縁にイエローグレー＋テールベルトオペイク＋パーマネントホワイトを載せて、ターペンタインを極わずか含ませた筆でヘルメットの側面をボカすように馴染ませる。ヘルメットの色に深みが増したら、いったん絵の具を乾かして顎紐を塗り分ける。ヘルメットの前縁に引っ掛けた内帽の顎紐は、VAのフラットブラウンで塗り分けて、両端にバーントアンバーを塗って中寄りにボカす。また外帽の顎紐にVAのイラクサンドを塗り、両端にイエローグレーを塗ってつや消しクリアーを全体に吹き付ける。油彩を叩くように塗ったので、表面の荒さが強調されて雰囲気が増した。
6 偽装ネットは油彩のパーマネントホワイト＋イエローグレーで、網の部分を軽くドライブラシして仕上げる。
7 ヘルメットはこれで完成とするが、最終的にピグメントやウェザリングカラーを適宜使ってホコリ汚れを足していく。

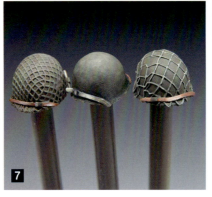
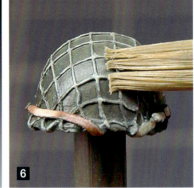

2-3-10 記章類のデカールを貼る

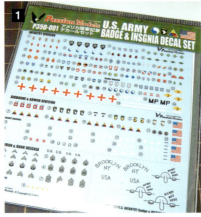

野戦服には大抵の場合、部隊章や階級章などの記章類が付いていて、第2次大戦までのものは小さくても鮮やかで見映えがします。それらをフィギュアに再現すると、良いアイキャッチになると同時に、小さな絵柄や文字により、細密感が漂います。部隊章を付けることで特定の場所や作戦を表したり、階級章を付けることで、フィギュア同士の掛け合いや個性の演出など、作品のストーリーを補足することもできるのです。ただそのサイズゆえ手で描くとなると難しいのですが、いまなら徽章のデカールが市販されているので、積極的に使うことにしました。

本作では秘匿のために袖に部隊章を付けていません。ただ実際には秘匿のためになにも付けない部隊も少なくないそうです。また階級章は二等兵ならなにも付けず、将校はバッジ状の階級章を肩章に取り付けます。よってすべてのフィギュアに記章を付ける必要はありません。■

1 フィギュアの記章類はパッションモデルズの「アメリカ陸軍記章デカールセット」で再現する。繊細で鮮やかな印刷のデカールは、描き込みが困難な記章類を手軽に再現することができる。ひとりにつき2枚必要になる階級章は少なめだが、部隊章は歩兵、機甲、空挺の各師団のものが58種類印刷され、有名な部隊は4〜5人分用意されている。ほかにも衛生兵の赤十字や憲兵隊のMPマークなど、アメリカ軍のフィギュアを作るなら用意しておきたい素材といえる。
2「デカールのり」は本来デカールの糊成分が弱ったときに使用するが、小さいデカールを、ツヤのない凹凸面に貼るときに役立つ。使い方はデカールを貼る場所に糊を塗って、その上からデカールを貼るだけ。今回はタミヤのデカールのりを使用した。
3 4 28ページで解説した、記章のワッペン感をだすエンボス加工のため、デカールが貼りにくい。こんなときにはデカール軟化材を使って馴染ませるのが一般的。ただ小さな記章のデカールは、軟化材の液で位置がずれたり流れやすい。そこで沸騰したお湯を含ませた綿棒を、デカールの上から押し当てて、熱で伸ばして圧着した。袖に貼った第30歩兵師団の部隊章は赤地のマークなので、よいアクセントになる。
5 ヘルメットの曲面にデカールを貼る場合、デカール軟化材（GSIクレオス マークソフター）で柔らかくすると、曲面にピッタリと貼ることができる。手順としてははじめにデカールの上からデカール軟化材を塗り、デカールが軟らかくなるまで放置する。
6 ヘルメットのアールがキツく、そのままでは密着しないので3と同じように熱湯を含ませた綿棒を押し当てる。デカールが完全にフィットしないときは5〜6の作業を繰り返す。
7 デカールが乾いたら、顎紐や左手で隠れた部分をナイフを使って切り剥がす。
8 デカールを切り過ぎてしまったところはファレホアクリルでリタッチする。

●フィギュアの塗装もここまで来たら、いったん質感を整えます。衣服を塗装したときに、塗料の重ね塗りや油絵の具を塗ることで現れるツヤ、さらにはデカールのつやなどを残しておくと、決して布には見えません。皮素材やゴム引き、ナイロンといった光沢のある生地もありますが、本作のフィギュアの軍服ではツヤが出る部分は限られます。

衣服を仕上げてデカールを貼り終えたら、布らしさを出すために、全体につや消しクリアーを吹き付けます。ここで使うつや消しは、GSIクレオスの「プレミアムトップコート」。白ボケを極力抑えることで、色が変化せずにツヤを消すことができます。またキメもこまかくスケール感を損なうザラつきもありません。

ツヤを消したら、最後に陰影の弱いところや汚れの追加を油絵の具を使って行ないます。油絵の具はターペンタインで極薄くし、面相筆で描き足すように色を塗り重ねます。さらにグレージングで衣服や装備の色合いに変化を与えましょう。

つや消しクリアーを吹き付けて布の質感を表現する

◀▲「プレミアムトップコート」は手軽に吹き付ける缶スプレータイプと、瓶入りの2種類が発売されている。塗膜の厚みを抑えたい場合や、1/35フィギュアのような入り隅が多い対象に使いたい場合は、瓶入りをエアブラシで吹くと良いだろう。

9 緑、黄、青系の油彩で色に深みや変化を付け、GSIクレオスのウェザリングカラーでくすみやホコリ汚れを加える。

10 赤十字の腕章は、腕章の生地を白く塗ってから、陰影を描き込む。次にヘルメット用の赤十字マークを腕章の幅に切り出して、デカールのりを使って貼り付ける。デカールが乾いたら余分な部分を切り取る。

11 赤十字にも腕章のシワに合わせて、シェードとハイライトを描き込む。

12 地味な野戦服の中に赤十字があると、よく目立ってアイキャッチになる。とはいえ目立つ分、周りから浮かないように、影付けやウェザリングを施して馴染ませる。

2-3-11　そのほかのディテールを塗り足す

「トップコートを吹き付けてツヤを整える」一昔前の戦車模型で、完成前によく言われたフレーズです。しかしほかのウェザリングは、ツヤの違いにより汚れの質感を表現するので、均一なツヤ消しで仕上げることはありません。前行程でツヤ消しコートしたフィギュアは均一の質感こそ感じられますが、兵士の装備品は布もあれば樹脂もある。また金属も使われており、小さなフィギュアでそれぞれの質感の違いを感じさせることもつながります。そこで手榴弾やクリップなど質感の違う装備を足してみましょう。またボタンやバックルなどの金具類に金属の質感を与えてみてください。さらにホルスターやブーツの革にツヤを足すのも良いでしょう。最後に目を引くディテールを足すことでストーリーの語り部たるフィギュアの注目度を高めることができます。■

ディテール塗装前

ディテール塗装後

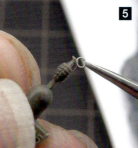
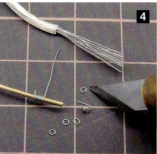
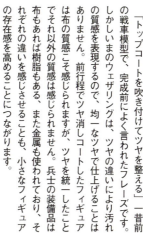

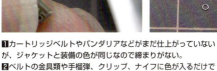

1 カートリッジベルトやバンダリアなどがまだ仕上がっていないが、ジャケットと装備の色が同じなので締まりがない。

2 ベルトの金具類や手榴弾、クリップ、ナイフに色が入るだけでも、メリハリが効いて実感が出る。

3 目を引くディテールとして手榴弾を取り付ける。携行の仕方は、サスペンダーのリングやピストルベルトに安全レバーで引っ掛ける。これを再現するときは、まず安全レバーをナイフで削り取る。

4 レバーの付け根にリング状の安全ピンが付く。金属のリングは精密感を高めてくれることもあり、再現したいディテール。リングの作り方は、電気コードの中の線を一本引き抜き、1mmの真ちゅう線に巻き付ける。バネ状に巻いたら、真ちゅう線を引き抜き、穴にナイフの刃先を入れてリング状に切り出す。

5 ピンは写真の辺りにゼリー状の瞬間接着剤で固定するが、リングが曲がらないように、塗装後に取り付ける。

6 サスペンダーのリングが手榴弾をよく携行するところ。レバーの反対側が前を向き、側面にピンが付くように取り付ける。弾体の黄色いラインは、差し色としてよいアクセントになる。

7 袖が上がって手首が露出している兵士に腕時計を付けてみた。文字盤とベルトはプラシートを貼って再現。アメリカ陸軍の腕時計といえばハミルトン、エルジン、ブローバなどあるが、文字盤を黒くするとそれらしくなる。あと薬指の付け根にシルバーで指輪を描き込む。指輪の上下にシェードを入れるとモールドが立つ。これらのディテールは兵士のキャラクターを引き立てる。フィギュアが複数配置されたジオラマでは効果的な演出だ。

8 ツヤのない布のなかに金属の質感があると、密度が増すと同時にアイキャッチにもなる。バンダリアに引っ掛けたガーランドのクリップは、Mr.カラーの黒で塗ってからグラファイトをフィニッシュマスターで擦り付けて金属質感をだす。また弾の塗装は薬莢をMr.カラーのゴールド（9番）、弾頭をカッパー（10番）で塗り分ける。

9 前工程で黒く塗ったボタン、バックル、ナスカンに、Mr.カラーのシルバー（8番）を塗ってハイライトを付ける。金具は筆の先に含ませた塗料をエッジに擦るように塗り、ボタンは筆の先で点描する。ちなみに上衣のボタンも油彩のバーントアンバーを点描で再現する。

10 工作の工程でも説明したように、アメリカ軍が使用するセミオートライフル、M1ガーランドは、射撃の途中に弾を追加しにくいという。すぐに装填できるようにクリップ（弾丸が8発の束になった挿弾子）は、バンダリアのベルトと同様に、ガーランドのスリングにも引っ掛ける。小さいが寄りで見たときの発見になるので取り付けた。なおクリップはあまり揺れないように、スリングの前側の付け根に引っ掛ける。

11 フォアグリップとクリップを同時に持った左手。小さいが塗り分けると説得力が増す。ガーランドは最後の弾を撃った後、排莢と同時にクリップも排出される。そのときに「キーン」という金属音が鳴るのだが、その音で最終弾を撃ったことを敵に知らせてしまうという。なので撃ち尽くした後もすぐに装填できるようにクリップを手元に携行させて、戦闘シーンらしさを演出した。

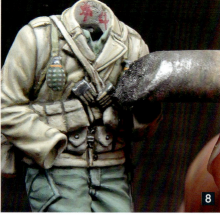

2-3-12 負傷兵の傷を表現

● この作品を作るにあたり、いくつかの戦争映画を観たのだが、痛みや恐怖を表現するときは血を使った演出が多いと感じた。ダイオラマで血を再現すると不快に感じることもある。ただ不快な戦場を再現するからこそ血の表現は欠かせない。血は、色はもとより意味的にもよく目立つ。だからこそ少量でも主張するぶん、効果的に使いたい。

1 服に付いた血は真っ赤に塗ると途端にウソっぽくなる。血を再現するときは最初から赤色は使わない。まずは血が布に染みた色として、彩度を落とした色を塗る。ズボンに付いた血はHBTズボンの基本色1（オリーブグリーン＋フラットホワイト＋フラットブルー）にフィールドブルーを混ぜて、濡れた布を意識して、傷の周りに描き込んだ。

2 彩度を落とした服の色にフラットレッドを足したえんじ色を、傷や、血の染みの中心に塗り、その周りを溶剤でボカして馴染ませる。次に傷を押さえた手の際に、溶剤で少し薄めたクリアーレッドを流し込み、血の生っぽさを出してみる。赤みの強い血は目立つので、使う量は控えめにする。

3 介護する兵士の袖口にも血を付ける。ジャケットの基本色C（バフ＋フラットホワイト）にフィールドブルーとフラットレッドを混ぜた色を染み状に描き込む。さらに先の血の色にフラットレッドを加えて溶剤で薄めて、飛沫として血痕を少し付ける。

4 負傷兵単体で見ると血がよく目立つかもしれないが、介護する兵士と組み合わせると、傷が見えにくくなって少し落ち着く。

5 バズーカの射手の傷もほかと同様に、染みを描いてから、赤みを加えて雰囲気を出した。色はフラットアースにフラットブルーとフラットレッドの混合色で染みを描き、溶剤で薄めたフラットレッドでアクセントをつける。この兵士は撃たれた直後なので、傷以外には血痕は付けていない。

6 破れたズボンから覗く太ももに、フラットレッドとフラットブラウンの混色で傷を描き込む。傷自体は小さいが、これでも案外よく目立つので、血は目を引く要素だということが分かる。

2-3-12　小火器の塗装

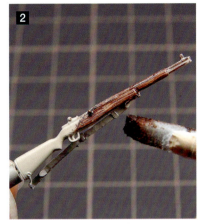

現用の銃は樹脂や金属でできていて、大抵の場合は黒かグレー、また最近はグリーンやベージュ、迷彩などがペイントされています。色付きの銃は指に良さそうで模型的には、軍装と合わせた配色なので、色が被って模型的に映えません。しかし第2次大戦で使われた銃は、ストックが木製のものが多くオイルやニス仕上げになるので、フィギュアの良いアクセントを再現すると、オイル小銃の木製ストックには、硬く、衝撃にも強く、狂いも少ないウォールナットが一般的に使われます。材の色は黒っぽい茶色や焦げ茶色で、模型的にも狂った色はストックは深みのある茶色でオイルアクセントになります。また暗い色は重みを感じさせるので、大きく重いM1ガーランドらしさが引き立ちます。ストックは必ず、木の縦方向が使われて、木目はほぼ銃身と平行に入ります。ただ杢目や板目の部分が使われると複雑な等高線模様になるようです。

1 ストックに施した木目模様は「ダイオラマ パーフェクション2」の家具に施した塗り方と同様に油絵の具を使って再現する。用意するものは、油絵の具（バーントシェンナ、バーントアンバー）とスポンジのふたつ。スポンジはどんなものでも構わないが、キメがこまかすぎないものを選ぶ。ここではスポンジヤスリを短冊状にカットして、それを不要な筆の柄に取付ける。（ヤスリ面は使わない）

2 銃は全体にMr.カラーのタンを、エアブラシで吹き付ける。ここでラッカー塗料を選んだのはスポンジで拭き取りやすくするためで、塗膜は必ずグロスかセミグロスで仕上げておく。次に少量の油絵の具を付けたスポンジで、銃の表面を軽く撫でる。するとスポンジの目が木目のようなスジになる。このときスポンジの動きは銃身と平行に撫でるが、部分的にブレると雰囲気が増す。木目表現のコツは以下の3点で「油絵の具は必ずチューブから出したままのものを使う」「絶対に薄めないこと」「下塗りをツヤアリにして塗膜を平滑にしておくこと」。

3 木目が描けたら金属部分に付いた絵の具を拭き取ってキレイにする。また不自然なところは筆を使ってなおす。

4 油絵の具が乾いたら、つや消しクリヤーで表面をコートする（コートしておかないとウォッシングにより油絵の具の薄い塗膜が剥がれてしまう）。さらにストックのフォアグリップ、グリップ、バットプレートに黒ずみを描き込んで使用感をだす。黒ずみは油絵の具のローアンバー＋ウルトラマリンブルーの混色を塗り、その周りをターペンタインでボカしていく。

5 次に銃身や機関部にMr.カラーのフラットブラックを塗って、凸部やエッジにMr.カラーのシルバーでハイライトを描き込む。

6 そのハイライトの上からフィニッシュマスターでグラファイトを擦り込んでシルバーの光沢を鈍くする。

7 完成したM1ガーランド。木目は面相筆で描き込んで再現することもできるが、スポンジを使えばこまかい筋を簡単に描くことができる。ただ筋の方向が単調になりやすいので部分的に筆を使って変化をつけても良いだろう。ストックに施した黒ずんだ使用感と、金属部の鈍い光沢のコントラストが目を引く。

8 BARのバットストックはベークライト製。黒一色にするのも良いが、タンの下地の上から、薄めたバーントシェンナやローアンバーを、点々と塗り重ねて再現した。なおフォアグリップは木製なので他の木部と同様に木目を描いた。

9 M1カービンは記録写真や映画などでもおなじみの、マガジンポーチをバットストックに巻き付けた状態を再現。

●この木目表現は元々、第一次大戦の複葉機の外装表現で行なわれている。使う色を変えると明るいニス仕上げや、ニスなしの生木のようにも塗れるので、木箱などの塗装にも応用できる。

ダイオラマに配置する完成したフィギュアたち

スプリングフィールドを構える狙撃手

大戦中期、M1ガーランドが不足する分隊では、うだつがあがらない兵士にスプリングフィールドが持たされたという。この兵士が持つ銃はスプリングフィールド（M1903A4狙撃銃）。機関部に装着されたM73B1テレスコープにより敵兵を確実にヒットする。隊員の中でもいちばん軽装備だが、右くるぶしに装着したM1905バヨネットと頬に傷をつけてキャラクター性を引き立てた。

本作のフィギュアは、HBTのジャケットとズボンの上にM41フィールドジャケットを着込んだスタイルが多く、16体のそれぞれに違いが出るように装備に変化をつけました。各フィギュアはハバーサックやミュゼットバックに携行品を背負わせていませんが、数体絡めて「配置する」ことで、個々の密度を上げています。そして数体絡めて「配置する」ことで、Ⅳ号戦車にも引けを取らない作品の主役になるのです。■

小隊を指揮する将校

町を攻略するために前線で指揮する小尉は、比較的キレイな身なりと軽装により、ほかの兵士と違う印象を持たせた。顔は締まりのない表情で、ベース上でいちばん敵から遠い位置に配置。実戦の経験が少なく疲弊した人数で前線にかり出され、もちろんまだ部下との信頼関係が築けずにいる……そんな背景を造形で表現する域には達していないが、キャラクターを想像しながら作るのもダイオラマの楽しみのひとつでもある。

射撃班を指揮する伍長

カフェの側面から援護するグループのなかでいちばん重装備な兵士で、弾倉嚢にバンダリアの2本掛けと手榴弾を携行。ハイレディーポジション（銃口を上げる）で攻撃に備えているが、これは右隣のしゃがんだ小銃手へ誤射をしないため。映画でも役者の顔が映えるために、よくとらせるポーズでもある。

弾幕を張る短機関銃手

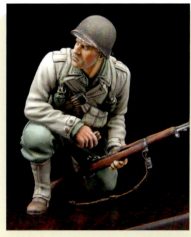

道を横切る仲間を援護するために、トンプソンSMG（M1928A1）で弾幕を張る短機関銃手。そもそもトンプソンを兵卒が持つことはないが、市街地や拠点攻略などでイレギュラーで支給されることがある。建物の壁に左肘をついてフォアグリップを握っているが、バットプレートを右肩に入れずに射撃させることで、使い慣れてない雰囲気を出してみた。

クリップを装填する小銃手

M1ガーランドはクリップを装填するとき、親指を詰めやすいともいわれるが、正確な手順を踏めば詰めることはないそうだ。この兵士は手際よく装填する様がわかるように、視線を敵の方向にむけている。また、しゃがんだポーズは両隣の兵士と高低差を付けることができるので、なにかと使いやすい。

左撃ちで立射する小銃

カフェの角から応射する小銃手は、通常の右手で構えた右撃ちをすると、体が大きく露出する。そのためスイッチングで左撃ちするのがこの小銃手。銃を逆に持ち替えることで被弾面積を抑えて射撃。重いガーランドを仰角をとって射撃できるよう、左の前腕を壁に付け、しっかりとホールドする姿勢をとらせてみた。

疾走する小銃手

カフェからパン屋へ、敵の射線を突破する小銃手。疾走感を出すために上体を前傾させ、それに加えてバンダリアやスコップなどの装備品に動きを付けてみた。ガーランドの銃口にはM7榴弾発射機を装着。銃身が少し長くなったぶん、見た目に威圧感が感じられ、作品の目立つ位置に配置するにはちょうど良い。

敵弾に倒れた対戦車兵

疾走する衛生兵

敵弾が飛び交う中、負傷兵のもとへと駆けつける衛生兵。袖口や腕に血痕を付け、負傷する仲間の命をつなぎ止める。銃などの派手な装備を持っているわけではないのだが、赤十字のペイントは、カフェからパン屋へと視線を導く以上の力がある。

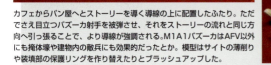

カフェからパン屋へとストーリーを導く導線の上に配置したふたり。ただでさえ目立つバズーカ射手を被弾させ、それをストーリーの流れと同じ方向へ引っ張ることで、より導線が強調される。M1A1バズーカはAFV以外にも掩体壕や建物内の敵兵にも効果的だったとか。模型はサイトの薄削りや装填部の保護リングを作り替えたりとブラッシュアップした。

負傷した小銃手と衛生兵を呼ぶ二等軍曹

敵弾に負傷した部下を止血しながら「メディーック！」と叫ぶ突撃班の指揮官。作品の緊張感を高めるため、銃を構えて座る兵士を改造して最後に追加したふたり。鑑賞者の視線をさらに強く、パン屋方向へ引っ張る役目になっている。この2体はベースに配置してから、メディカルポーチの空き缶や、ガーゼとその袋。さらにサルファ剤の空袋も2体の周りに配置した。

店内から外を見る小銃手

仲間が撃たれて持ち場を離れる新兵。銃のポジションはハイレディーでもローレディーでもなく、引き金近くに指を添える。持っているのはガーランドだが、本当なら間違いなくスプリングフィールドを持たされるタイプ。この作品内は、彼を含めて兵卒は10人。部隊の装備は充実しているが、消耗が激しい人員不足の演出になる。

手を上げるBAR射手

突撃班を指揮する先任曹長

実質この小隊を指揮する叩き上げの軍人。ほかの兵士との違いを出すためにタンカースジャケットを着用させた。となると、もちろん銃はM1カービン。腰にはマガジンポーチと手榴弾、ガバメントのホルスターを装備した。体は頼りがいがあるように若干大柄にプロポーションを変更。部下想いの上官らしく、負傷した仲間に手を差し伸べたポーズをとらせてみた。

ストーリーの導線を受け止める、焦点となるフィギュア。BARは分隊支援火器ということもあり、敵方向へ腰だめ撃ちで応射するポーズをとらせたかった。とはいえ見た目の大きさから銃の持つ存在感が強く、焦点となるフィギュアにふさわしい。股を開いて片手を上げた安定感のあるポーズではあるが、右手を上げたときにズレ上がったヘルメットが、このフィギュアの見せ場でもある。

榴弾発射の機会を伺う小銃手

この突撃班の隊員もバンダリアや手榴弾を多めに携行して、重装備な雰囲気を演出した。ガーランドにはM7榴弾発射機を装着し、さらに手榴弾を装填済みの状態に。トンプソンの射撃の頃合いをみて発射のタイミングを測っている。パン屋の軒先は作品の焦点でもあり見せ場になるが、少し火力を集中させすぎた。

SPECIAL
KAZUYA YOSHIOKA FIGURE WORK'S 2
フィギュアを油絵の具を使って塗装する

1/35 原寸

"Patrolling the beutiful green hell"
・初出：月刊Armour Modelling No.212
・キット：ホビーファン　1/35　アメリカ海兵隊「フエの戦い」#4（ベース付き2体入り）

ブレンディングしやすい油彩という選択肢

フィギュア塗装のトレンドともいえるアクリル塗料の「レイヤー塗り」ですが、この技法のメリットのひとつが速乾性による効率の良さではないでしょうか。

それと比べて油絵の具は乾燥がとても遅く、それがメリットだとしても使用をためらう方もいるでしょう。

ただ油絵の具は数日経っても乾かないというのは、厚塗りして描いた絵画の場合。色や気温にもよりますが、わずか数cmのフィギュアに塗られた塗膜は薄く、一日前後で完全に乾きます。塗るときはパート別の作業を推奨します。作業は体、顔、装備のパートを同時に進行しています。ひとつのパートが乾く間に別のパートの絵の具を塗れば、その作業の終わるころには前のパートの絵の具は乾いています。このように作業の仕方次第で、乾燥の遅さは難点ではなくなるのです。■

下地塗装と絵の具の調色

▶油絵の具で塗る前に、筆が届きにくい入り隅や、装備品が重なって奥まったところに、タミヤアクリルのラバーブラックを吹き付ける。またフィギュアの下側から同色を吹いて陰が付くポイントを確認する。油絵の具の不透明色は、薄く伸ばしても非常に隠蔽力が高い。そのためこの工程は黒立ち上げ（プレシェーディング）ではない。

▶油彩で行なうフィギュアペイントに使う道具。絵の具は国内で入手しやすいホルベイン社製を使用。筆はウィンザー＆ニュートンとモデルカステンのドレスフィニッシャーとアイフィニッシャーで、実際にはこれ以外に塗り用とブレンディング用に4～5本用意。溶き油はオドレスペンチングオイル、グレージングにはペトロールを使用。

ボディアーマーの色
ハイライト色／基本色／シェード色

装備品の色
シェード色／基本色／ハイライト色

上衣とズボンの色
パーマネントホワイト／テールベルトオペイク／ウルトラマリンブルー／カドミウムレッド／ローアンバー
ハイライト色 ← c b a d e → シェード色
基本色

▲M55ボディーアーマーはトラウザースの青味を抜いた色で着色する。襟とポケットは黄色味の強い緑なので、ローアンバーを少なめに調色した色を使い、インナーのTシャツも同じ色で塗った。ただ全体に色が似てしまうとメリハリがなくなるので、ハイライトやシェードの強弱で色の違いを出す。装備品はタミヤエナメルで言うところのカーキドラブ。ローアンバーに白を混ぜるだけで、それらしい色になる。もちろん部分的に緑色を入れても可。

▲油彩の場合、はじめに基本色を調色するが、同時にハイライトとシェード色も作っておく。基本色aはテールベルトオペイクに白と青を混ぜ、そこにローアンバーを足して彩度を落とす。ハイライト色bcは白を、シェード色deは基本色に青と赤を混ぜて調色する。各色は別々で混ぜるのではなく、隣り合う色をブレンディングするように混ぜておくと色の変化が付けやすい。なお油絵の具は粘度が高いので、筆で混ぜると穂先を痛めてしまう。

軍装と肌を塗る

ブレンディング1回目
▼絵の具の粘度が緩いならしばらく乾燥させてから、各色の間を乾いた筆でブレンディングする。この作業は幅の広い筆を使って、力を入れずにやさしく筆先でなでる。

基本色a
▼右で塗り残した所に基本色aを塗り、凸部にハイライト色bを塗る。あまりシビアに塗り分けなくてもよいが、ここでも絵の具はしっかりと伸ばし、塗膜は薄めのほうが筆ムラができにくい。

シェードd
▼エアブラシで吹き付けたシェード部分にシェード色dを塗る。シェード色は暗いのでブレンディング時に色が濁らないよう、範囲は狭く、そして絵の具の量はできるだけ少なく塗る。

下地塗り
▼フィギュアの上方向からアクリル塗料のNATOグリーンを吹き付けてハイライトの位置を明確にする。ここでアクリル塗料を吹いておけば、今後の油絵の具の食いつきも良くなる。

肌の塗装

▼肌はP42,43と同じ色を、同じ工程で塗装。ただ肌は、青と赤を多めに足して日差しで焼けた色味にする。なお顔は額は黄味を、目から頬は赤味を、鼻から下は青味を少し強めに意識して調色すると雰囲気が出る。

シェード、ハイライトの塗り込み

▼さらにここから、細かいシワや縫い目などのディテールを描き込んでいく。この作業でメリハリをつけたいなら、絵の具をいったん乾かしてから行なった方がよい。

ブレンディング2回目

▼先にブレンディングした部分と、2回目のシェードとハイライトをブレンディングして馴染ませる。このとき色が混ざり過ぎないように注意する。絵の具の粘度が高いときは少し乾かす。

シェードⓔ、ハイライトⓑ

▼1回目のブレンディングが乾かないうちに、先に塗ったⓑに、さらに白を混ぜた色ⓒと、ⓓに青と赤を混ぜた色ⓔを塗る。このとき前工程より狭い範囲に、細めの面相筆を使って塗る。

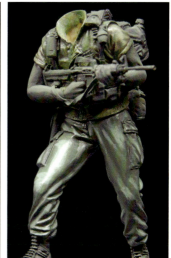

つや消しコートを吹く

▼塗膜のツヤは、つや消しクリアーを吹いて消しておく。ここで注意するのは吹き付ける量。つや消しクリアーを吹きすぎてしまうと塗膜の表面がザラついてしまう。表面が荒れると、後で行なう透明絵の具を使ったグレーズやウェザリングがくどく残る。そのため必要以上につや消しを吹き付けない。

装備品を塗り込む

▼背中はアービンバックやキャンティーンなどフル装備で塗りにくいが、まずはシワにシェードとハイライトを細かく描き分ける。ベルトやシワのトップは明るく、フラップや装備品の重なりは暗くメリハリを付ける。装備品にはシワや縫い目が沢山モールドされているがここをこまかく塗り込めば作品の見せ場になり、フィギュアの解像度がグッと高くなる。

細部の仕上げとウェザリング

▼下地塗装のうえから、AKインタラクティブのピグメント(ダークスチール)をフィニッシュマスターに付けて擦り込んで、金属質感を再現する。なおプラスチック部分は、うすめ液で希釈したタミヤエナメルのクリアーを軽く塗って鈍いツヤを出す。

▼銃のXM177は、はじめに下地塗装としてフラットブラックを全体を塗り、アルミ部分のエッジをシルバーで塗って引き立てる。ここでは、次の工程で表面を強く擦るので、塗膜の強いラッカー塗料が向いている。

グレージングで色に深みを出す

▼ここからペトロールで薄めた、半透明または透明油絵の具でグレージングを行なう。グレージングは前述したように色に深みを持たせる技法だ。装備と体の間などの陰の最暗部に流したり、ホルスターやブーツに革製品の質感を加えたり、顔に赤味または青味を重ねて日焼けや疲れを再現したりと、塗り込めばそれだけ濃厚になる。

▼ベトナムの土は赤土だけではないが、緑色の軍装に赤い汚れはよく映える。そこで錆色のピグメント(ライトラストとミディアムラスト)にイエローオーカーを混ぜて、膝、尻、裾を汚す。なおこの作業は付け過ぎないように、古い面相筆を使う。

▼装備品のボタンやバックルは黒っぽい金属製のものが多い。ここではファレホアクリルのブラックを塗ったあと、モールドの突起部にハイライトとしてラッカー系塗料のシルバーを点塗りした。このハイライトを入れるだけで立体感が増す。

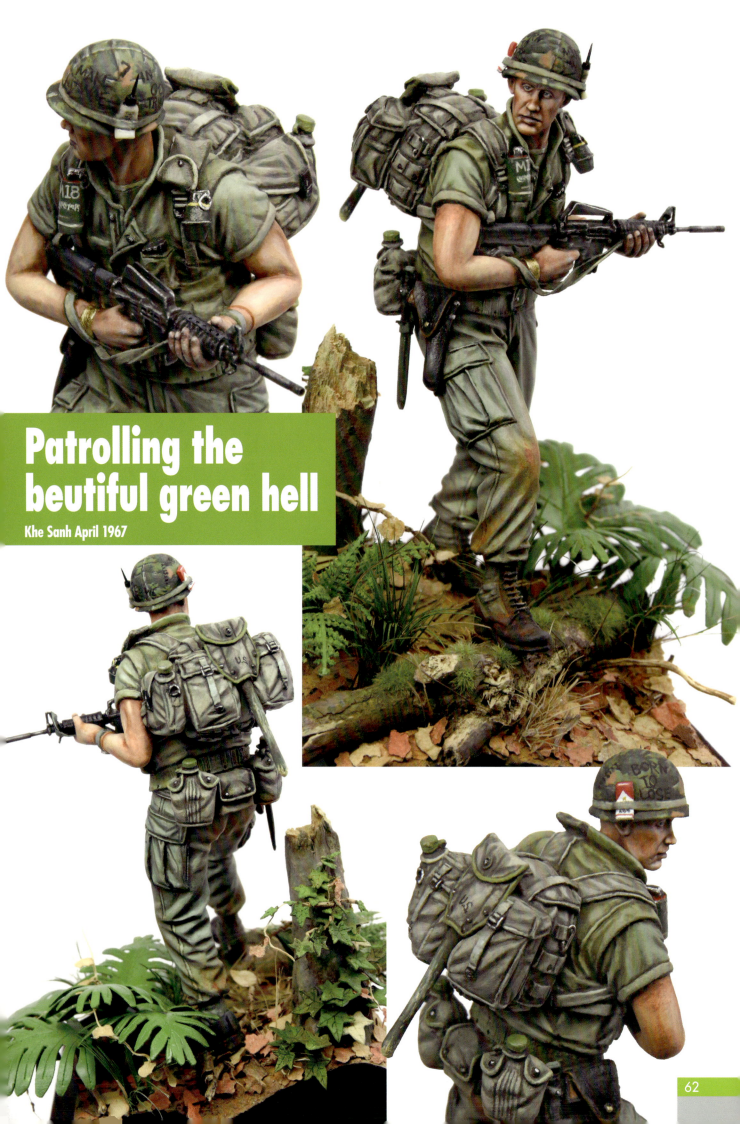

Patrolling the beutiful green hell
Khe Sanh April 1967

第3章

Debris, accessories, crafts of plants

瓦礫、小物、植物の製作

　ダイオラマ作りは、その作品の語る状況や場面を鑑賞者にいかに感じさせるかが大切です。本作の舞台はノルマンディー地方の小さな町中です。まずはそんな場所で戦闘があればどうなるかを想像してください。戦闘の状況にもよりますが、建物は破壊され、その破片や瓦礫が散乱し、その上にホコリが積もります。壊れた建物のなかには家具もあれば食器もある。また庭には植栽も見られます。

　人が暮らしていたところが突如戦場になる。作品作りでいえば戦場という「非現実的な世界」に、人が暮らしていた痕跡を差し込み、加えていくことで、「日常の世界」が切り裂かれた様子を描くことができるわけです。この作品の場合、それらをいかに、それらしく挿入していくかが作品の完成度を上げるポイントとなるでしょう。

　ダイオラマは要素が多くなると作業量も増え、散漫な仕上がりになる事もしばしば。要素は慌てて盛り込もうとせず、順を追って配置します。それが完成への近道でもあるのです。

第3章：瓦礫、室内小物、植物類の製作
3-1 瓦礫を製作する

破壊された市街地を製作するのであれば、その残骸のひとつひとつにリアリティ溢れる造形が必要となる。実際の素材や構造を知れば、それを模して製作する場合に説得力のある造形が可能となる。ここではその作り方のみならず、作品への配置方法も検証する。

◀瓦礫を配置する途中写真。建物には崩落した屋根や崩れた壁面からのぞくレンガなど、しっかりとダメージ表現を行なっている。ところが瓦礫の量が少ないと、ここまで不自然さを感じてしまうのだ。また瓦礫は建物の下だけにあるわけではないし、石やレンガばかりが散乱していることもない。それらを踏まえて作業すれば、作品のリアリティーが増していく。

ノルマンディー地方といえば、一般的には石造りの建物が多く、外装には漆喰が塗られたレンガ造や、木組みの壁が特長的なハーフティンバー様式の建物が見られます。それらの建材を意識しながら作ったのが本作で使用した瓦礫です。瓦礫のなかにはどんなものが含まれているのかを知っていた方が、作品の説得力が増すでしょう。

そして瓦礫は素材だけでなく、量や撒き方にも気を使いましょう。建物が破壊されれば、崩れた箇所に量が少なかったり、周りの建物と雰囲気が違う瓦礫が入ると違和感を覚えます。また、まんべんなく同じ厚みで敷き詰めてしまうのも違います。

ここからはダイオラマのなかでも、ラフな作り方に感じますが、じつは奥が深くておもしろい瓦礫の作り方を紹介していきます。■

戦場を表現するには資料の充実こそが完成度を上げる

資料はWeb検索が一番集めやすい

▲「インターネット」。最近はこれなしには資料集めができなくなった、といっても過言ではない。大戦中に軍が撮影した記録写真はもちろん、戦時中の建物が現存する現在のノルマンディー地方の画像は、とても参考になる資料として活用できる。

収集した画像はプリントしてファイル

▲これらの画像はパソコンに保存して建物や車両、兵士などの種類に分けてファイルに保存するのもよし、それをタブレットで見るもよし、プリントアウトしてファイルにまとめるもよし。何時でもすぐに閲覧できるようにしておくと作業効率が上がる。

◀最近はカラーで撮られた画像もあり、塗装時の表現の幅が広がる。ただフォトレタッチソフトなどでカラーに修正した写真もあるので、色は参考程度に確認するくらいが良い。

映画から空気感や構図を読み取る

▲記録写真はありのままを写すがゆえ、おもしろみの欠ける場合もある。ただ映画で映し出される戦場は、セット臭さが目につくいたり、リアリティに欠けるものもあるが「どう撮れば良い絵になるか」といった構図がよく考えられ、参考になる。

吉岡和哉オススメのノルマンディー戦ダイオラマ資料映画

▶バンド・オブ・ブラザース コンプリート・ボックス(6枚組) [Blu-ray] 税別20790円／ワーナーブラザースホームエンターテイメント
◀プライベート・ライアン [AmazonDVDコレクション] [Blu-ray] 税別1500円／パラマウント

●もはや説明不要の定番の2作品。ノルマンディーのダイオラマを作るなら絶対に外せない。両作品ともどこを取ってもダイオラマ作りの参考になるのだが、なかでも注目してほしいのは、建物と人の距離感や遮蔽物を使った緊張感の演出。そして市街地などで、数人が集まったときの画面に収まる構図の良さは、必ずフィギュアの配置に役立つだろう。

記録写真からも情報が読み取れる

▲「Panzers in Normandy」「US Tank Battles in France」などノルマンディー戦を題材にした記録写真集は、車両がメインに撮られていることが多い。ただ本作のウォール・アドや郵便ポストも、この手の書籍が発見のきっかけになった。

人は物を作るとき、どうしても自分の知っていることや経験を中心に考えてしまいます。クルスクの戦いの作品を作れば、近くの公園や河川敷で見た草むらをイメージして作りがち。私にもそんな経験があるのですが、過去に見たイメージで作品を作ると、実際の物とはかけ離れてしまいます。「それらしさ」はもちろん大事なことですが、本物を知らずに「らしく作る」ことはできません。

それでは本作のようなノルマンディーの建物を作る場合はどうしたら良いでしょう。答えはもちろん資料を探すことですが、それも都合のよい本ばかりあるわけではありません。書籍で探す場合、まずは車両が載っている写真集から探すことをお勧めします。ただその手の本は写真が車両中心にトリミングされていることに限度があり、完全な資料とは言えません。そして写真サイズも限りがあり、建物の風景が切られているのはかけ損。あるいは海外の本など売っているわけではないので、インターネット検索を使えば見つけやすくなります。「ノルマンディー」と日本語で入力するよりも「Normandy」、あるいはその国の言葉で見つけやすくなります。例えば「Normandy building」としたり「Normandy building 1944」と年代を入れると的中率が上がります。さらに「Normandy building Destroyed 1944」という言葉を足せば、確実に思う写真が見つかるでしょう。ほかにも戦争映画やそのスチール写真などが料にすれば、絵作りやダイオラマのレイアウトの参考になるでしょう。■

3-1-1 レンガと石壁の積み石を作る

●手軽に崩れた瓦礫を作るなら、市販の素材を使ってみよう。ただこの手の製品は常時店置きしているものは少なく、気になったものがあれば購入しておいた方がよい。
ⓐROYALMODEL Fire bricks
3つの穴が開いた耐火レンガ。ノルマンディーでは格子状の穴が開いたものがある。
ⓑTROPHYMODELS GRAY BRICKS
グレーなので積み石としても使える。
ⓒA&C MATERIALS シェルタイル
薄く硬化させた色付きの石膏のような素材で、色数も豊富。
ⓓモーリン 瓦礫ミックス
色は赤みのあるベージュ色で大きさがバラバラな小石状の素材。撒くだけで即、瓦礫を再現できる優れもの。

ノルマンディー地方では、おもに石積みにより造られた建物が多く、瓦礫の主材を石にすると土地らしさが感じられます。ただ本作の建物は、2棟がレンガ造りの仕様なのでレンガも多めに用意しました。とはいえノルマンディー地方の積みみ石は基本的にサイズを揃えなくてはいけません。レンガや積み石を見ると、かなり不揃いの石を野面積み（自然石を加工せずにそのまま積み上げる工法）している壁も見られます。なので瓦礫にバリエーションを持たせると良いでしょう。■

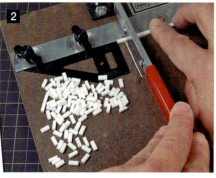 

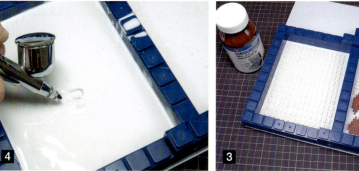 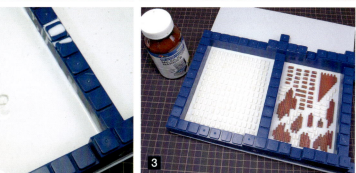

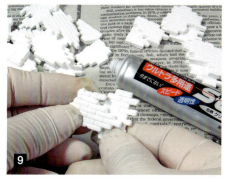  

❶半倒壊したレンガの壁は、塊で崩れたものとバラバラに崩れた状態が見られ、それらを再現するために原型を作る。塊のレンガはタミヤのレンガセットを部分的に間引いて使用。レンガの表面はリューターで荒らして古びた風合いを出してみた。
●レンガは長辺を「長手」短辺を「小口」高さを「厚み」と呼ぶ。
●レンガは国によって積み方に特長がある。大抵の場合、強度が出るように、小口と長手が上下あるいは横方向に交互に積まれている。
●キットのモールドはすべて長手方向に揃えて積まれた「長手積み」。この積み方は壁圧が小口幅になってしまうのであまり採用されない。
❷バラバラのレンガは、はじめに原型を作る。レンガのサイズも国によって違いがあるが、だいたい1～2cm程の違いなので、日本のサイズ（長手210×小口100×厚さ60㎜）をもとに1/35スケールで製作する。レンガの原型にはタミヤのプラボード（3㎜厚）を使い、それを幅2㎜の短冊状にカットして、それをチョッパーで6㎜ずつに刻んでいく。プラボードの厚みがレンガの小口、それをカットした短冊の幅がレンガの厚み、短冊を刻んだ長さが長手になる。
❸原型をシリコーンゴムで型取りし、複製用のゴム型を作る。
❹型にシリコーンを流したら、エアブラシで空気を吹き付けて気泡を飛ばす。
❺できあがったゴム型に石膏を流す。流動性の高いうちに素早く流し、まんべんなく流れたらゴム型を小刻みに叩いて気泡を逃がす。水と石膏の混合比は石膏によって違う。使用したものは石膏1kgに対し水750ccの割合で混ぜるが、加工しやすくするために水を少し多めに混ぜた。混ぜる順番は先に水を浸した容器に石膏を入れて、1分ほど放置して馴染ませる。そして2～3分、同じ早さで撹拌する。
❻石膏が硬化しだしたら、はみ出た石膏をヘラでこそいで取り除く。この作業も手早く行なう。
❼石膏が完全に硬化したら型から取り出す。硬化が甘いと取り出すときにエッジが削れて丸くなるので注意する。
❽石壁の積み石は、サイズやかたちにバラつきがあるほうが雰囲気がでる。少し手間がかかるがタイル状に複製した石膏（写真右）を、ひとつずつ手で割って量産すると積み石らしい雰囲気になる。
❾石膏に置き換えたレンガは、砕いて小さくしたり、重ねて接着してボリュームをだしたりしてサイズに変化をつける。プラスチック製のレンガも使えなくないが、石膏に置き換えることで加工しやすく、砕いた部分の質感がよい。手間は掛かるが、レンガらしさが増す。石膏の接着は、ハケでホコリをしっかり払ってから、コニシの「ウルトラ多用途SU」を使用する。

3-1-2　積み石、モルタル、コンクリートの瓦礫を作る

1 2 ボリュームのある瓦礫は、むくの石膏ブロックから削り出す。ブロックは四角い容器に石膏を流して作るが、写真のようなお菓子の容器に流せば、装飾付きの瓦礫を作ることができる。作業は石膏を流す前に容器の内側に離型剤のシリコーンバリアーを塗ると、硬化した石膏を取り出しやすい。

3 フリーズドライの味噌汁の容器に石膏を流して作ったブロックから、建物の軒に装飾されたコーニスを製作する。はじめに石膏ブロックより背の低いガイド（写真では真ちゅうブロック）を用意して、写真のように石膏ブロックの角を削る。刃はスパチュラ、金属棒、エッチングパーツの角など、違うサイズのアールを幾つか用意しておくとコーニスの段差に変化がつけやすい。なおこの作業は、石膏が完全硬化する前なら彫刻しやすい。

4 水平のモールドが彫れたら、ブロックを適当な大きさに手で割ってサイズを調整する。コーニスは石やコンクリートでできているので、モールドとは直角に筋を入れて分割線を再現する。

5 お菓子の容器を形にした石膏ブロックも、角にコーニスの段を入れて程よい大きさに割っておく。装飾はそのままでは実感に欠けるので、実際の建物を参考にスパチュラーを使って彫刻した。

6 モルタルを使って積まれたレンガや石の壁は、塊のまま崩れるものもある。そんな瓦礫は、石膏ブロックに石積みのモールドをケガいて再現する。

7 ただそのままでは実感にかけるので、大きさが不揃いになるようにブロックを手で割る。そしてケガいたモールドに合わせて、小口側にも目地を彫刻する。さらに平ノミを使って部分的に彫り込んで、レンガや石が抜け落ちた状態も再現する。

8 レンガや石壁に塗られた漆喰やモルタルが、砲爆撃の衝撃を受けて剥がれ落ちた破片を再現する。作業はいたって簡単で、水で溶いた石膏をプラ板の上に薄く流して硬化させ、乾燥後に砕くだけ。ただしサイズに違いを出しておく。

9 ディテールを追加した、いわば見せる瓦礫。よく目立つ所に配置すると地面の情報量が増す。とはいえこのダイオラマの舞台はノルマンディーの小さな町なので、大都市風のデコラティブな瓦礫の使用は控えておく。

　サイズがあるコンクリートの瓦礫は、ひび割れのモールドを彫り込もう。ひび割れをそれらしくケガくコツは、ひびの始まりや交差部分を太らせて線の強弱を付けること。それとやたらとギザギザにしないこと。最後に表面のホコリを払うと同時に、コシの強い筆や歯ブラシで擦り、ザラついた質感を出しておく。

10 完成した瓦礫。よく使う小さい瓦礫は、写真のように種類ごとに分けておくと選びやすい。左上からレンガ単体で右上は積み石の単体。左下は剥がれ落ちたモルタルの破片で、右下は屋根のスレート。積み石とモルタルはサイズや形に変化を付けておくと雰囲気が出る。またこれ以外にも、砕いて割ったものも入れておく。

11 タミヤのレンガセットから作ったものは、倒壊した壁の一部らしく加工して使う。ただ原型の種類が少ないので、形が似ないように注意する。また形が悪いレンガの塊は瓦礫の量増しとして使用する。

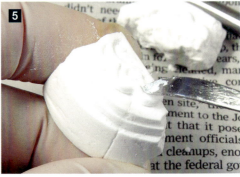

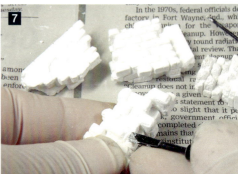

3-1-3 瓦礫を配置する

地面に草木が生えて道があるような、よくあるシチュエーションとは違い、大小の積み石や壁の一部、さらにこまかい破片が散乱する。そんな市街地のダイオラマに瓦礫をどう配置すればよいのでしょうか。経験がないと、その要素の多さに混乱してしまうかもしれません。
瓦礫を地面に盛り付けるといっても、自作したストラクチャーを次々に盛り付けてしまうと、いくら量を準備しても足りません。また盛り付ける順番を間違えると、見せたい瓦礫が隠れてしまいます。
瓦礫は意識せずにバラ撒いたほうが作為感がない自然な配置にすることができるでしょう。ただベースに合った納まりのよい配置の仕方というのは、最終的に人が調整するしかありません。

■1 瓦礫を配置する前に、建物や車両を所定の位置に仮置きし、どこに瓦礫を配置するのかイメージを膨らます。瓦礫がよく目立つところ、建物が崩れたところ、車両で隠れるところなど、ポイントをペンでマーキングしておくと作業時に迷わない。また本作のような瓦礫がたくさん必要なときは、地面の下地として先に無塗装の瓦礫を撒いておく。

■2 まずは瓦礫のボリュームがほしいところに、底上げ用のスタイロフォームを貼り付ける。次に準備した瓦礫をスタイロフォームの上や、車両と地面の間に配置する。このときのポイントは「戦車のボギーが極端に上下するように瓦礫を配置すること」。履帯を凹凸に馴染ませることで車両の重さを感じさせ、ベースとの統一感が増していく。またそのメカニカルな動きは、車両の目を引くポイントになる。次に崩れた積み石を、先の瓦礫の隙間に配置する。積み石はあまり考えず無作為に撒いてもよいが、向きがそろったり、あるところに集まりすぎたりすると、手で選り分けて微調整する。

■3 次に積み石の隙間を埋めるようにモーリンの「クラッシャブル ストーン（CR-02とCR-11）」を撒く。なお配置した瓦礫は下塗りとしてラッカー系のサーフェイサーを吹き付ける。そのときスタイロフォームを溶かさないように、瓦礫の隙間に小石を詰めておく。

■4 さらにレンガを撒く。レンガは色が赤くグレーの瓦礫の中ではよく目立つ。配置後は、これも向きがバラつくように、位置や疎密を調整する。また壁から剥がれたモルタルのかけらを撒いて、瓦礫の表情に変化をつける。最後に配置した瓦礫を固定する。瓦礫の定着は「水で薄めた木工用ボンドやマットメディウム」「モーリンのスーパーフィックス」「AKインタラクティブのグラベル＆サンドフィックス」など選択筋も増えてきた。水で薄めた木工用ボンドとマットメディウムは瓦礫によく馴染むように食器洗いの洗剤を数滴混ぜる。

布の瓦礫の作り方

● 瓦礫はレンガ、石、コンクリート、木材など、建材ばかりではない。市街戦の記録写真をみると、紙くずや布など建物の中にあったようなものまで散乱している。本作にもそんな質感が違う瓦礫を配置して、戦場になった市街地らしさを演出した。

● 布の作り方は、水溶き木工用ボンドで固めたティッシュや、エポキシパテなどの方法がある。ただ、ここではいままでと違う作り方を紹介する。

A まずはポリ製のケース（写真はインスタント味噌汁のケース）にゴム手袋やシワを付けたラップを敷いて、その上から石膏を流す。このときシリコーンバリアーなどの履型剤はラップ以外には塗らなくてよい。

B 石膏が硬化したらケースから取り出して、不要な部分を切り取って、小口の荒れをスポンジやすりで整える。素材が薄くて割れやすいが、簡単に質感のある布を再現することができるのがこの方法のメリット。ここでは瓦礫の一部として使用したが、これを原型にレジンで複製すれば、荷物として車両に載せたりすることもできそうだ。

C ここで作った石膏の布は2種類のものを組み合わせて配置した。最終的には上から着色した瓦礫を撒く。

D 石膏で作った布は凹凸に馴染まないので、瓦礫の上に落ちた布は、ラップを使って再現する。ラップは2液を混ぜるタイプのエポキシ系接着剤や瞬間接着剤を使って固定する。

3-1-4 そのほかの瓦礫を製作する

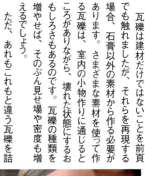

瓦礫は建材だけではないことを前頁でも触れましたが、それらを再現する場合、石膏以外の素材から作る必要があります。さまざまな素材を使って作る瓦礫は、室内の小物作りに通じるところがありながら、壊れた状態にするおもしろさもあるのです。瓦礫の種類を増やせば、そのぶん見せ場や密度も増えるでしょう。

ただ、あれもこれもと違う瓦礫を詰め込みすぎるのは避けましょう。盛りすぎると瓦礫ではなくゴミ溜めになりかねません。足すときはアクセントとして、ここぞというポイントで差すように使うのが効果的です。

1 カフェの隣りの雑貨屋は、2階がタイル貼りになっている。そこで、その部屋を説明するために、壊れた浴槽を配置する。浴槽は1/35スケールなら、レジン製のものがいくつか発売されているが、本作では用意できなかったこともあり自作することにした。はじめに浴槽の形に似ているブリスターパックを用意して、そこにエポキシパテを盛りつける。浴槽はホーロー製なので厚みに注意して、スパチュラで均一に整形する。なおブリスターパックには予めシリコーンバリアーを塗っておく。
2 型から剥がした浴槽をヤスリで削って整形する。
3 浴槽が形になったらディテールを追加する。蛇口はタミヤの「ドイツ ドラム缶セット」に同梱されたものを使用。真ちゅう線で配管し、スライスしたプラ棒で排水栓を追加した。また浴槽の裏には、古風なバスタブの雰囲気が出るように、木工パテのむくから削り出した「猫脚」を付けてみた。
4 木箱は「cobaanii mokei工房」の1/35「民間用木箱」と「アンティーク木箱」を使用した。薄い木材をレーザーカットしたパーツを組み立てると精密な木箱になる。また素材が木製なので写真のように壊すこともできる。
5 0.1mmの銅板を使ってひしゃげた雨樋を作る。焼きなました銅板を3mmの真ちゅう棒に巻き付けて、余分な部分を切って樋を再現。それに受け金具などのディテールを取り付ける。
6 ほかにも情報量を増やして見せ場にするために、アングル材やトタン板、建具類などを用意した。ただ、せっかく作ったからといって、すべて使うとうるさくなり、かえって見映えが悪くなる。ダイオラマに仮置きしてからバランスを確認して、適宜選んで配置する。

3-1-5 瓦礫を染めて着色する

昔から瓦礫表現に石膏を好んで使ってきたのですが、着色の仕方、何時も頭を悩ますのが、着色の仕方。粒状の瓦礫を思う色に塗るために、あれこれ試した結果、いちばん思う仕上がりになったのがステインでした。「塗る」のではなく「染める」ことで素材の持ち味を引き出せます。石膏や木の質感をそのままに、色だけを変えることができるステインは、瓦礫表現を豊かなものにしてくれる素材といえるでしょう。

1 瓦礫は小さく量があるのでひとつずつ塗ることはできない。塗装前に地面に接着して塗り分けるのも面倒だ。ならばと、容器に入れてエアブラシで吹くとすべてがキレイに塗れず、瓦礫同士が張り付いてしまう。もちろん石膏に塗料を混ぜて固めることも試してみたが、思う色をだすのは難しい。そんな悩みを払拭してくれたのが、ここから紹介するステインだ。石膏で作った瓦礫はワシンの「ポアーステイン」で染める。ステインは木製品を仕上げる時に、着色(染色)に使う塗料で、ダイオラマベースの仕上塗りでもよく使われている。ステインは「汚れ」や「くすみ」といった意味があるが、木材や繊維の着色材のことを言う。ツヤを出すニスとはまったくの別物。着色に使用した色は右からメープル、マホガニーブラウン、オリーブ、ブラックの4色。水性なので使用後も粘りけがなく、水を入れる量で色の濃さを調整することができる。
2 ポアーステインは容器のまま使うと濃すぎるため、水で薄めに希釈する。容器に薄めたポアーステインを入れ、そこに石膏の瓦礫を撒いてステインを浸す。使用する容器は、なるべく浅いほうが石膏の染まる具合を確認しやすい。ちなみに写真の容器は、お惣菜を入れる容器のフタ。
3 写真はブラックのポアーステインで染めている途中の一枚。容器を傾けたので薄め具合がわかると思う。マホガニーブラウンやブラックのような暗い色は染まりやすい。液に浸けてしばらくしたら容器を傾けて、液を切りながら馴染ませる。この後、スプーンですくって新聞紙の上で乾燥させる。

4 レンガの染色にはマホガニーブラウンを使用した。この色は彩度が強い(鮮やか)ので希釈する割合は、水6に対してステイン4と少し濃いめに水で割る。左側は水を多めに入れたステインで染めたもの。

5 右が壁の積石で、左は壁から剥がれ落ちたモルタルまたは漆喰。ともにブラックで染めている。ここでは水7に対してステイン3で染めているが、凸部は石膏の白味が残り、窪みに塗料が溜まることで立体的かつ自然な風合いに仕上がった。

6 メープルにオリーブを少し混ぜたステインで染めた積石。水とステインの割合は、先の**5**と同様に染めている。右と左はオリーブを入れる量の違い。左は若干彩度が低く、右は赤味が強い。モンテカッシーノ戦のⅢ号突撃砲で作品を作るなら、車体の上にバラ撒くだけでも雰囲気がでるだろう。(ちなみにP34の降下猟兵の地面には、この染めた石膏を使っている)

7 スレートの染色はブルーのステインが入手できず、ブラックのステインとアクリル塗料のフラットブルーで染めてみた。結果はやはり瓦礫同士が張り付いて、剥がすと塗膜が剥がれてしまう(右側)。左側はプラ板で作った物をアクリル塗料で塗装した。(P72参照)

8 瓦礫のなかの木片には無塗装の白木も多く見られる。ただ模型として塗装しない木を使うと、色が立ち過ぎて浮いてしまう。そこで瓦礫に引き続き、ポアーステインで染色する。木の着色にはメープルとオリーブを混色し、水で薄めて部分的に濃淡をつけて筆塗りする。また角材がすべて同じ色にならないように、ウェザリングカラーも使用した。

9 木材の瓦礫は、サイズの違う杉の角材をいくつか使って再現する。適当な長さに折って小口は塗らずに使用する。ウェザリングカラーで染めるときは塗料をよく撹拌して着色するが、部分的にうすめ液で濃淡をつけても良いだろう。(木材表現で使用したいのがバルサ材。やわらかく毛羽立ちが目立ってスケール感を損ないやすい)

10 角材は写真のように長さや太さが違うものを用意する。また単に棒状なだけでなく、ほぞを彫ったものや表面にキズを付けたものなど取り混ぜて、変化を付ける。

11 石やレンガで作られた建物も、床や屋根には木材が使われるので、瓦礫の中には木屑や木片が混じっている。石とは違う質感が得られるので、積極的に追加しよう。木片の作り方は、ナイフでこまかく刻むだけ。

12 窓枠や樋など、そのほかの瓦礫は、ホコリを被せることを考慮して、彩度を高めに配色した。この手の小物も予め塗装した方が仕上げやすい。

瓦礫の配置を考えよう

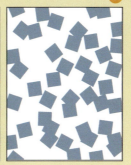

●レンガや積石は同じサイズでできていて「それらを撒くと変化に乏しく単調になってしまう」といった経験はないだろうか。そんなときは以下のような工夫をしてみよう。

ⓐ サイズにあまり違いがない物を配置した状態。疎密をつけてバランスはとっているが、なにか物足りない印象を受ける。

ⓑ そこにサイズに差がある違う形のものを置く。すると緩急がついて絵が締まる。

ⓒ 今度はその追加した物の質感を変えてみる。同じ質感のⓑと比べて足した物の違いが明確になり、緩急が強まった。ダイオラマでは、このようなところに、見てほしい要素を置くと視線を集めやすい。

ⓓ ただ、変化がつくからといって目立つものを足し過ぎると、うるさく、まとまりのないものになってしまう。これはこれで混沌とした戦場らしさは出るものの、まとめるには整理が必要だ。

3-1-6　室内に瓦礫を配置する

瓦礫を配置する場所は、なにも建物の外に限ったことではありません。着弾により屋根や上階が抜け落ちて、それらの多くがそのまま下に落ち、室内が瓦礫だらけになるのです。ダイオラマには焦点があり、焦点は正面に置かれることがほとんどです。建物を使ったダイオラマの場合、室内があるほうがダイオラマの裏側になりがちで、見せる必要のない室内はおざなりになりやすいです。

正面と裏面を割り切って作り分けることは、間違いではありません。しかし角度を変えてみたときに、違った表情を見せるのも立体絵画ならぬダイオラマの魅力とも言えるでしょう。そんな室内を単なるバックヤードにしてしまってはもったいない。

■二面裏面にも見せ場を作ることで、作品の違った二面を演出する〟ことができるのです。

1 屋根と二階が抜け落ちた室内は、崩れた度合いに見合った瓦礫を配置する。ここでも、いきなり瓦礫を撒くのではなく、スタイロフォームを敷いて量盛りし、その上にモーリンの「クラッシャブルストーン」と無着色の瓦礫をバラ撒いた。瓦礫の定着には、すべて水で薄めたモーリンの「スーパーフィックス」を使用した。
2 次に瓦礫をファレホアクリルで筆塗りする。ホワイト、バフ、ダークシーグレーの3色を適当に混ぜながら、石の色味に変化をつける。ただ立体感を意識して、張り出したところは明るく、窪んだ所は暗めの色を配色する。
3 ウェザリングカラーのサンディウォッシュや、そこにマルチホワイトを入れて明度を上げた色を、ウォッシングしてホコリの質感を追加する。瓦礫はさまざまな要素を重ねるので、すべて配置した後ではとても塗りにくい。まずはこのように瓦礫の下地を作ってから塗装済みの要素を足せば塗り分けも簡単で瓦礫のレイヤーも鮮明になる。
4 塗装済みの瓦礫を配置する。瓦礫は大きい物から順番にベースに馴染むように配置する。屋根と床が落ちた状態なので、ここでは木材も多めに盛り付けた。
5 先に配置した瓦礫を埋めるように積石の瓦礫を置く。
6 木片は無作為に撒くと汚く見える。瓦礫の隙間に埋めるように差し込んだ。
7 最後に剥がれ落ちたモルタルや、こまかい破片を全体に撒く。ここでも撒きっぱなしにせず、疎密を意識して配置する。

8 衝撃によって割れた窓ガラスの破片を作る。ガラスを手軽に再現するなら塩ビ板や手軽なブリスターパック。質感にこだわるなら顕微鏡の観察で使用するカバーガラスなどいろいろあるが、ここでは薄さを優先して、レーザープリンター用のOHPフィルムを使うことにした。このフィルムは表面がザラついた皮膜でコートされていて、まずはこの皮膜を水で洗って落としておく。残念ながら皮膜を落としてもガラスのような透明感はないのだが、最終的にはホコリ色を吹き付けるので、気にせず使うことにした。
はじめにフィルムを、横方向に切れ込みを入れ、次に縦方向に切り刻む。このとき、はさみを入れる間隔や角度に変化を付けて、破片の大きさや形を不揃いにする。

9 カットしたフィルムの固定は、フィルムのツヤが消えないように、AKインタラクティブの「グラベル&サンド フィックス」（以後GSF）を使用する。これも木片と同様に全体に撒くとクドいので、窓の桟や床の隅に、疎密を意識しながら配置する。そしてスポイドを使ってGSFを流して固定する。GSFは乾燥も早く、小さいものでもしっかりと定着できる。

10 フィルムが固定できたら、タミヤアクリル塗料のバフやデッキタンを吹き付けて、ガラスに被ったホコリを再現する。なおこのとき、塗料は専用うすめ液で薄めに希釈して、少しずつ様子を見ながら吹き付ける。塗料を薄吹きすると、すぐには効果がでにくいが、ある量に達すると急にハッキリと色が付く。そうなるとガラスに見えなくなるので、少し塗ったらエアーを吹いて乾かして、色の付き具合を確認しながら作業する。

11 割れたガラスが配置できたら、店内に家具と大きい瓦礫を配置する。最初にテーブルと椅子に加えて、柱や床板などの要素を大まかに置いてみる。次にテーブルを傾けたり、椅子を倒したりしながら、弾が着弾した室内の状況を想像し、各要素の位置を整理してから接着する。柱などの長い瓦礫を配置するコツは「それぞれの向きをバラバラにする」「平面のみで構成せず、柱を交差させるなど空間を使って立体的に構成する」など。これらは少し演出がかった配置になるが、倒壊した建物の記録写真を見ると、あながち大げさでもない。

12 要素が配置できたら10と同様にホコリ色を瓦礫に吹き付ける。

13 瓦礫のサイズにメリハリを付けるため、瓦礫をこまかく砕いた破片を撒いていく。瓦礫は4色分用意して、倒壊時に散乱したように配置する。ただこれもガラス片と同様に、満遍なく撒かないように注意する。瓦礫の破片は床以外にも家具の上や、崩れた壁の縁にも配置する。破片は手に取ってバラまいたら、柔らかい筆で掃くようにして位置を決め、スーパーフィックスで定着させる。また破片の他にもレンガや積み石を配してして雰囲気を高める。

14 すべての要素を固定したら更にホコリをのせていく。とはいえ、塗装によるホコリだけでは単調なので、お香の灰を使用する。ここで使うお香は無印良品のスティックタイプ。ホコリらしい色と質感が高く、乗せた後の食いつきもよい。

15 崩れたレンガの表面に残った、目地のモルタルを再現する。モルタルはGSIクレオスのウェザリングペーストのマッドホワイトに、ウェザリングカラーのマルチホワイトを少し混ぜて、面相筆で塗り付ける。乾燥後は専用うすめ液をつけた綿棒で部分的にペーストを剥がすと雰囲気がでる。

3-1-7 屋根や軒に瓦礫を配置する

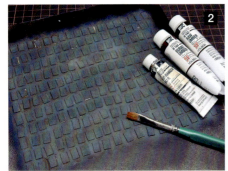

ノルマンディー地方の屋根は日本の屋根瓦とは違い、スレートが葺かれています。スレートは粘板岩と呼ばれる石を切り出して薄く加工したもので、粘土を素焼きして作られた瓦とはまったくの別ものです。スレートは垂木の上に横に渡された小舞に釘で固定され、石自体、耐久性もあることから、いちど葺くと100年は保つといわれています。

そんな丈夫なスレートですが砲爆撃にはかないません。記録写真を見ると破損の具合にもよりますが、破壊された屋根には、ズレたスレートや砕けた破片が載っています。破片は軒に溜まることもあれば、屋根の傾斜が急ならばすべて落ちてしまうでしょう。模型的見せ場になるので軒や雨樋に配置するのも良いでしょう。■

1 石膏で自作したスレートの破片を屋根に撒く。スレートの破片は傾斜が急な屋根からズレ落ちていく様子をイメージしながら、軒を中心に配置した。破片の定着には水で薄めたスーパーフィックスを使う。ただフィックスを垂らるときに、破片も同時に流れないように屋根を水平にして作業する。

2 スレートの破片を撒いただけではいまひとつ実感に欠けるため、剥がれたスレートも用意する。スレートは屋根に葺いたときに余ったプラ板製も使う。屋根のほかにも地面に落ちたものも必要なので多めに塗装しておく。とはいえ一枚ずつ塗ると手間になるため、ボール紙にスプレーのりを吹き付けて、まとめて貼って塗装した。その後、屋根の仕上げと同様に、油彩を使ってエイジングする。ここで使ったスプレーのりは、3Mのスプレーのり55。粘着力の弱い貼って剥がせるのりなので、両面テープで貼るより剥がしやすい。

3 4 仕上げたスレートはスーパーフィックスの原液を付けて、一枚ずつ屋根に固定する。これも疎密を意識して、スレート同士の向きが揃わないように置く。

5 瓦礫の破片を窓の桟や看板のひさしなど、落ちて溜まりそうなところには全て配置する。破片は筆ですくって載せてから、疎密を意識して整理する。定着は前頁と同じモーリンのスーパーフィックスを使用した。

6 瓦礫にスーパーフィックスを垂らすと、ツヤは出ないものの彩度が落ちて湿った感じになりやすい。そこで定着させた瓦礫の上からMr.ウェザリングカラーのサンディーウォッシュをウォッシングする。塗料が瓦礫の隅に溜まり、ホコリを被ったように仕上がる。対象が写真のような薄いグレーの部分には、ホコリが映えるようにMr.ウェザリングカラーのマルチホワイトを足すと色が被らずよく映える。

7 店の外壁はもMr.ウェザリングカラーのサンディーウォッシュでホコリ汚れを再現する。塗料は窪みを中心に流し、筆に浸けた専用うすめ液で塗料の周りをボカしてなじませる。

8 ボカした塗料は、うすめ液を含ませたフィニッシュマスターや綿棒を使って、叩いたり上から下へ拭いたりして、汚れに変化をつける。

埃を塗料で表現する

●市街戦のジオラマに欠かすことができないホコリ表現に、ピグメントを使うのが一般的だったのは少し前の話。ピグメントでテクスチャーを付けるその前にある程度ホコリの下地を作っておく。ピグメントは強弱が付きにくく、ぼんやりした仕上がりになりやすい。GSIクレオスのMr.ウェザリングカラーならハッキリ汚したい所に濃く塗れば、ぼやけた仕上がりを避けられる。塗った塗料をうすめ液を使って周りへぼかすと自然に馴染む。その後ピグメントをのせれば、メリハリと質感のあるホコリ汚れになる。

第3章：瓦礫、小物、植物の製作
3-2 瓦礫、石畳の塗装

石膏を使って作った瓦礫類は最初から彩色するだけでなく、レイアウト後に瓦礫に見えるように塗装する必要がある。ここではその手順と石畳の仕上げ方について解説する。石畳の塗装はより質感ある仕上がりにすることで作品の密度をあげることが可能となる

3-2-1 石畳を塗装する

本作のグランドワークともいえる石畳は、石のモールドがあるものの、通常の地面のように草木もなければ小石などもありません。塗装する範囲もそれなりに広く、地味なグレーだけで塗られた地面は間を持たせにくい類の地面といえます。そこでアイディアを練って間を持たせようとするのですが、この作品に限っては石畳になにかを付加する必要はないと考えます。

本作は作り込んだ建物と、その周りに瓦礫をちりばめた市街戦のダイオラマです。中心には被弾した戦車を置いて、なおかつダイオラマの主役となる戦車の上に要素を盛るとどうでしょう。おそらくさらに石畳の上に要素を盛るとどうでしょう。おそらく要素がケンカしあって主役のフィギュアが目立たなくなってしまいます。

この作品の石畳は、そうならないためのホワイトスペース、つまり主役を引き立てるための「空き」として意味を持たせています。そのために変化を付けることはないのですが、場面に説得力を持たせるための、色味や質感にはこだわってみたいと思います。

■1 瓦礫と同時にグランドワークを仕上げていく。まずは地面全体に、Mr.フィニッシングサーフェイサー1500を陰色（シェード）として吹き付ける。広い面積を手っ取り早く塗装するのに、缶スプレーは使い勝手がよい。

■2 次にグレーのサーフェイサーを吹き付ける。塗りつぶすのではなく、一方向から塗装を行なって、先に塗った黒を影色として残すように吹き付ける。

■3 石畳の色はサーフェイサーのグレーだけでは味気ない。そこでツヤ消しの黒と白を混ぜたグレーに、タンやサンドイエローを混ぜたウォームグレーをまだらに吹いて、石の下地色をつくる。

■4 敷石は同じ色の石が敷かれることもあるが、模型として見ると、色が不揃いの方が見栄えがよい。石の塗り分けにはファレホアクリルを使うことにした。白、ジャーマングレー、ダークシーグレー、イラクサンド、アメリカ軍フィールドドラブの各色をパレットの上に出して、無作為に色を混ぜてまばらに塗っていく。石の色は以後のウェザリングを踏まえて、多少派手目に色の変化をつけておく。

■5 塗り分けた石の上から、エナメル系うすめ液で薄めた油彩（ローアンバー、バーントアンバー、ランプブラック）をウォッシングして色のトーンを落ち着かせる。

■6 油彩が乾いたら石の間に詰められた目地の砂を再現する。砂の色は白っぽいものや黒っぽいものなど種類があるが、ノルマンディー地方の黄色っぽい土をイメージして、ハンブロールのマットクリームを、ターペンタインで薄めてウォッシングする。（タミヤエナメルならデザートイエロー＋フラットホワイト、Mr.ウェザリングカラーならサンディーウォッシュ）。マットクリームを乾燥させてから、エナメル系のうすめ液をつけた綿棒で余分な塗料を拭き取る。最後に石畳全体を■5で使った油彩をまばらにウォッシュして、目地に濃淡をつけておく。

3-2-2　石畳の上に瓦礫を配置、塗装する

1 瓦礫はラッカー系のサーフェイサーを塗ってから、下地としてラッカー系塗料のつや消しホワイトにフラットブラック＋タンの混色を吹き付ける。
2 次にファレホアクリルを使って瓦礫を塗りわける。使用色は、ホワイト、バフ、イラクサンド、ダークシーグレー、ドイツ軍戦車兵ハイライトカラー。
3 レンガは後のウェザリングを考慮して彩度を高めに塗り分ける。使用色は、フラットレッド、フラットイエロー、ホワイト。塗装後はこの上から着色済みの瓦礫を撒くので、塗り分けは大雑把で構わない。
4 石畳と瓦礫の下地が塗れたら、Ⅳ号戦車を仮置きしてサスペンションが可動する効果が出るように、瓦礫を置く。このとき履帯と地面の隙間には瓦礫や木片を配置する。また一部の木片は車重によりテコで跳ね上がった状態を演出した。

 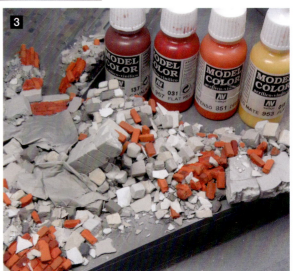

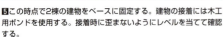

5 この時点で2棟の建物をベースに固定する。建物の接着には木工用ボンドを使用する。接着時に歪まないようにレベルを当てて確認する。
6 建物とベースの隙間はセメダインの「エポキシパテ木部用」を使ってキレイに埋める。
7 そして壁の際に瓦礫を撒いて建物とベースを馴染ませる。石積みの壁の下には石の瓦礫を、レンガの壁の下にはレンガの瓦礫を撒くが、適度に違う素材の瓦礫を混ぜて撒く。
8 積石が崩れた様子に説得力をもたせるために、建物の断面に石を積む。このとき不揃いに積んで雰囲気を出す。

⑨石膏で作った剥がれたモルタルは、そのまま配置してもよいが、裏面にマットメディウムを塗って瓦礫の上に配置する。
⑩それを写真のように指で押すと、剥がれ落ちて割れた状態が再現できる。
⑪「ダイオラマ パーフェクション2」で作ったホーロー製の広告看板を瓦礫の中に配置する。多少曲げ癖をつけて瓦礫から少し浮かすと金属らしさが出る。
⑫建物の軒下に屋根から落ちたスレートを撒く。破片のサイズや撒き方に疎密をつけ、高い所から落ちた様子を想像しながら配置する。
⑬定着させたスレートはファレホアクリルのブルー、ブラック、ホワイトの混色を適当に混ぜて、ひと片ずつ塗り分けた。
⑭飾り台と作品の境界はよく目立つ。作業が荒いと全体の印象に影響するため、ベースのフチはていねいに仕上げたい。市街戦のダイオラマの場合、飾り台の立ち上げの際まで瓦礫を配置する。立ち上げのフチにはたっぷりとマットメディウムを塗ってから瓦礫を撒いて定着させる。
⑮戦車の走行により石畳に付いた傷を再現する。土の地面ならグランドワークの製作時に履帯を押し付けて轍を付けるが、石畳の場合は履帯が引っかいた傷を描き込んで戦車の動きを表現する。1/35サイズのⅣ号戦車の履帯接地面の幅と同じピッチでスリットを開けた「履帯跡のテンプレート」を準備して、これを石畳にセットする。次にスリットのなかを白の色鉛筆で軽く塗りつぶす。
⑯テンプレートを外して色の載りが悪い所は色鉛筆でリタッチし、傷を明確にする。
⑰溶剤で薄めに溶いた油彩のローアンバーとバーントアンバーの混色を、石畳の表面に弾いて飛沫を飛ばす。油彩の薄め具合や飛沫の密度を変えることで、石の色合いが深まり、表情に変化がつく。
⑱石畳全体に自作したこまかい瓦礫の破片を置く。破片は建物から飛び散った状態をイメージして、筆に取って配置する。このとき車両を仮置きしておけば、瓦礫を置くバランスを取りやすい。

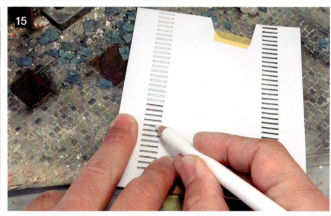
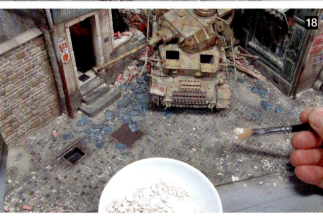

19 写真のように厚く土ぼこりが溜まった所には、ピグメントに瓦礫の破片や木クズを混ぜたものを筆で載せて盛り付ける。またピグメントは次の3色を使用した。ファレホのライトシェンナ、グリーンアース、モデルカステンのコンクリートライク。本来ここで調色したピグメントを瓦礫や石畳に撒きたいが、全体の要素が揃ってから仕上げとしてホコリ汚れを施す。

20 瓦礫の溜まりや木材の周りに、木クズを配置する。木片はP69で使用した杉の角材を刻んだもの。まばらに撒くよりも写真のようにピンセットで摘んだ塊を、そのまま配置した方が雰囲気が出る。

21 ホコリ表現の下地として、瓦礫全体にホコリ色（Mr.カラーのタン＋ツヤ消しホワイト＋フラットベースなめらか・スムースの混色）を吹き付ける。

22 前頁の18と同様に、フィギュアを仮止めして瓦礫を撒いて定着させる。

23 建物内の瓦礫類は、水で薄めたスーパーフィックスで固定したが、接着後のシミや塗布部分の彩度が落ちるのが気になった。そこで石畳には水で溶いた木工用ボンドを使用する。ただボンドを塗布した後でもホコリの色が変わらないように、ボンドはできるだけ薄めにする。また瓦礫への浸透性を高めるためにアクリル溶剤を混ぜて定着させた。

24 ベースの端に配置した瓦礫は、地面のカドを引き締める効果と、作品の外にも崩れた建物があることを想像させる要素でもある。

家屋の屋外に入るサビの表現

A 看板の屋根はAKインタラクティブのAK013とAK046を縦方向に塗り、シンナーで湿らせた筆で筆跡を残すようにサビ垂れを描いた。その後、アクリル塗料のオレンジ＋フラットブラウン＋フラットベースの混色を、サビ垂れの方向に吹き付ける。

B 看板の正面もサビ垂れを描き込むが、雨が直接当たるAより控えめに行う。AK012を軽くウォッシュして仕上げる。

C 雨樋はAK012とAK013でウォッシングして、仕上げにAK046を部分的に載せる。ブリキ製の雨樋はスズをメッキした鋼板なので錆び難いが、メッキが剥がれるとそこから腐食が広がる。それらを意識してサビさせると説得力が増す。

サビ表現のイロハ

模型表現のいちジャンルになったといっても過言ではないサビ表現は、うまく施せば、ただのプラモデルを鉄にも見せることができます。サビ表現は、熱や時間経過によって生じる金属の酸化で、サビを加えることによって、その車両がどのように使われたかを想像させることができます。そんな経年変化や、鮮やかなオレンジ色の対比で、暗い茶色と鮮やかなオレンジ色の対比が視覚的にも刺激的で、差し色としても使えます。ここではそんな模型に深みを与えてくれるサビ表現のテクニックを紹介しましょう。

▲サビ表現の作例として塗装したこのシュビムワーゲンは、さまざまな技法を使って仕上げている。焼け残った車体の前部に対して、燃えた後にサビついた車体後部との対比が、状況的にも視覚的にもコントラストが付いておもしろい。

▶サビ表現の第一ステップは、下地塗装を行なうこと。下地色にはつや消しブラック+フラットブラウンの混合色を塗り、のちの工程で、ヘアスプレーを吹き付けて剥がす技法の準備をする。

塗膜を剥がして情報を増やす

▲エアブラシで塗装しただけでは色の変化が単調でメリハリに欠ける。そこで水を含ませたコシの強い筆で、塗膜を擦って塗料を剥がす。作業はたっぷり水を含ませた筆で、少しずつ様子を見ながら塗膜を剥がすと、筆では描けない不規則な色の変化が現れる。

エアブラシでサビ色を吹き付ける

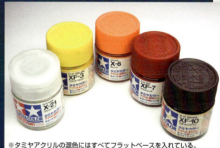

※タミヤアクリルの混色にはすべてフラットベースを入れております。

▲サビ色の基本塗装は、つや消し状態で仕上がることと、ヘアスプレーによる塗装剥がしのしやすさからタミヤアクリルを使う。最初にフラットブラウン+フラットレッドを全体に吹き付けたら、フラットレッド+オレンジ→オレンジ+フラットイエローの順で吹き重ねる。この手の塗装は出っ張った所に明るい色、窪んだ所に暗い色を吹き付けるが、サビの場合は水が溜まりそうなところに明るい色（若いサビ）を吹き、そこから、周りを徐々に暗くしていくと雰囲気が出る。

飛沫で質感を加える

▲サビた金属の表面には無数に小さな粒状のサビが見える。それを再現するためにうすめ液を少し含ませたコシの強い筆に絵の具を付け、棒の端に擦り付けて飛沫を飛ばす。色はオレンジ系の明るいものを飛ばすが、飛沫を付けすぎないよう注意する。

油絵の具でサビ色に深みを与える

▲油絵の具は基本塗装に「深みを与えたり」「ある部分を強調したり」「バラついた色を統一させたり」する効果がある。ここで使う絵の具はパーマネントオレンジ、マースオレンジ、ローシェンナ、バーントアンバー、ローアンバーの5色。アクリル塗料で塗った上からうすめ液や絵の具の量を変えながらウォッシングするとサビの表情が豊かになる。段ボールをパレットに使う理由は、絵の具の不要な油分を吸い取って乾燥が早く、ツヤ消しになるためサビらしく仕上がる

ピグメントで色に変化をつける

▲ピグメントは昔からサビ表現によく使われる。ピグメントを付けるのは色を強調したいときや、質感を加えたいところ。ツヤがなく、加える量によってザラついたテクスチャーも付けられるので重宝する。しかし多く付けすぎるとぼんやりしたメリハリがない仕上がりになりやすい。ピグメントを使う際のコツは使い古しの面相筆で顔料を少しずつ載せること。決してたくさんの量を付けすぎないように注意しよう。定着はタミヤアクリル溶剤を含んだ筆を弾いて飛沫にして、染み込ませて行なう。

トップコートでツヤを消す

▲サビた表面は基本的にツヤがないので、トップコートを吹き付けてツヤを消す。ツヤを消して表面をザラザラにしておけば、油絵の具を薄くウォッシュして変化をつけたり、次の工程で使うピグメントの食いつきも良くなる。

第3章：瓦礫、室内、植物の製作
3-3 小物製作のTips

家屋のダイオラマを製作する場合、室外のみならず内部も製作することはミニチュア家具を製作することでもあり、これまで以上に工作のバリエーションを要求される。ここでは質感ある家具や小物を効率よく製作するヒントを集めた

凄い時代になりました。模型店に入ってみると、インジェクションプラスチックキットの1/35バケツが戦車と同じ棚に並ぶようになったのです。昔なら絶対に製品化されないようなアクセサリーが、次々と店頭を賑わせています。こういったダイオラマモデラーに嬉しいアイテムが手軽に買えるというは、たしかに表現の幅が広がっているといえます。ただ、そんなニッチなアイテムが製品化されていても、製作中の作品にピッタリ合う小物かといえば、そう都合よくはいきません。

ダイオラマにとって小物は作品の時代や状況を語ったり、視線を誘導するアクセントにもなる、おざなりにできない要素です。もし自分の思うシチュエーションで、理想の小物を置きたいなら、自作することが近道かもしれません。しかし本件で自作した小物は基本工作の積み重ねにより仕上げられています。ここではそんな小物を、スクラッチビルドするときに行なった技法のポイントをいくつか絞って紹介しましょう。

3-3-1 デューロパテでシートを作る

デューロパテは、日本ではあまり聞き馴染みのない素材ですが、海外ではフィギュアの改造などで使われています。パテの種類としては主剤と硬化剤を混ぜ使用するエポキシ系パテですが、硬化前からコシが強めで弾力があり、スパチュラを使った造形に向いています。この弾力は硬化後も保ち、細いパーツやモールドも破損し難く仕上げることができます。しかしその弾力のため硬化後に切削してヤスリで削って形を整える作業には向いていません。硬化時間は4〜5時間とすこし長めですが、時間を掛けて造形することができます。

そんなデューロパテの使い方として、ここで提案したいのは薄く伸ばしてシート状にすること。AFVに限らずダイオラマでは薄さと弾力が必要なパーツが多く、知っているとなにかと重宝するでしょう。ここからはそんなデューロパテの使い方を紹介したいと思います。

1 日本での流通は限られているが、通販を使えば比較的入手しやすい。使用感にクセがあるものの、このパテを愛用するフィギュアスカルプターも少なくない。

2 パテを伸ばす台として1mm厚のプラ板を用意し、そこにパテが食いつかないようにワセリンを塗る。なお台の表面が荒れているとパテに凹凸が写るので、必ず平滑なものを選ぶ。また台が小さいと伸ばしたパテがはみ出たり、台をホールドしにくいのでサイズは大きめがよいだろう。

3 練り合わせたパテは指で薄く伸ばしてからプラ板に貼り付けて、水を付けた指で平らに均す。次の作業で使うクッキングシートが濡れて破れないようにパテの水分はよく拭きとる。

4 普通のパテなら麺棒やガラス瓶を上から転がせば薄く伸ばせるが、粘りが強いデューロパテはパテの上にクッキングシートを被せて、その上から瓶の底を使って伸ばすとよい。

5 クッキングシートの表面はシリコンコーティングされているので、その上からパテを押し伸ばしても比較的食いつかずそのままでも使えるが、デューロパテを薄く伸ばすにはとにかく力が必要だ。食い付き防止のためにクッキングシートの裏にもワセリンを塗っておいてもよいだろう。

6 伸ばしたパテは乾燥させてから破らないようにていねいにプラ板から剥がして、表面を洗剤でキレイに洗う。硬化後も弾力性がありビニールのような質感になるので、写真のように薄く伸びたデューロパテのシートは使い道が広い。

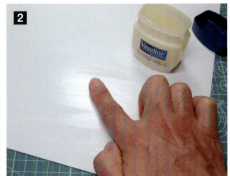

デューロパテの応用その1　蛇腹折りしてカーテンを作る

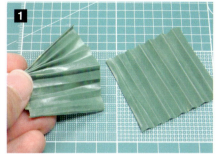 

●デューロパテは透けるほど薄く伸ばすことができるため、シート表現に重宝する。また弾力があり、折っても割れることがなく、折り目をつけることもできる。本作ではそんな折り目がつくメリットを利用して、建物の窓に取り付けるカーテンを作ることにした。

1 窓の高さに切り出したデューロパテのシート（パテシート）を蛇腹状に折って閉じたカーテンを作る。キレイに折り畳んでカーテンを開けた状態にするもよし、部分的にちぎって壊れた窓に付けても良いだろう。デューロパテの接着には瞬間接着剤を使う。

2 畳んだカーテンは真ちゅう線に接着して写真のように窓に取り付けられるようにする。ここでは畳んでカーテンを作ったあと、カーテンのシワが気に入らない所にはタミヤのエポキシパテを盛って補修した。

デューロパテの応用その2　ベルトを作る

 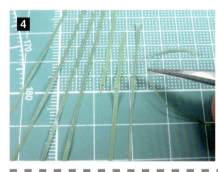

●泥よけやベルトなどの、均一な厚みと表面の滑らかさの表現は、エッチングパーツなどのほうが優れているが、瞬間接着剤の効きは圧倒的にデューロパテの方が優れている。

3 薄くて弾力性の高いパテシートは、写真のようにソフトスキンの泥よけとしても使うことができる。パテシートは破ることもできるのでダメージ表現にも使いやすい。M1エイブラムスやT-90、メルカバなどのゴム製の泥よけにもよいだろう。

4 フィギュアに限らず車両の荷物を固定するベルト類も、AFV模型では使用頻度が高いパーツだ。パテシートを短冊状に切りだしてエッチングパーツのバックルを付ければ、どこにでもよく馴染むベルトができ上がる。

デューロパテの応用その3　矩形に切り出して旗を作る

 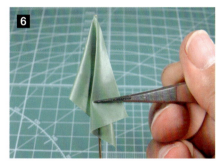

●ダイオラマでも車両単体でも旗があると目を引きやすい。しかし素材が薄い旗の再現は意外と難しい。風になびく旗なら、切断も折り曲げも簡単なアルミ缶を使えば比較的簡単に作ることができる。しかし旗は何時もなびいているとは限らず、風がなく垂れた状態も少なくない。またアルミ缶で垂れた旗を作るのは厚みもあり難しい。垂れた旗の再現には薄くて柔軟なデューロパテのシートがちょうどよい。

5 旗のサイズに切り出したパテシートの端を、ポールにみたてた真ちゅう線に瞬間接着剤で固定する。

6 自重で垂れたようにパテを折り曲げて、隙間に流し込みタイプの瞬間接着剤を流して固定する。ここでも気に入らないシワがあるときは、タミヤのエポキシパテでシワを付け足す。

デューロパテの応用その4　テーブルクロスを作る

●本作のカフェの店内にはテーブルを配置したが、その上に使用感がでるようにテーブルクロスを置いてみる。これも普通のエポキシパテを薄く伸ばして使用すると、硬化前のパテは柔らかく整形時に伸ばせば伸ばすほど本来の大きさより大きく延びてしまう。そのため最初からサイズが変わらないデューロパテのシートの方が扱いやすい。

7 テーブルクロスは、はじめにトレーシングペーパーで型紙を作り、それをデューロパテのシートに置き換えて折り目をつける。

8 折り目を付けたテーブルクロスはテーブルに被せて裏から瞬間接着剤を流して固定する。テーブルからはみ出して垂れたクロスの処理はパテが折重なって難しい。パテの厚みをできるだけ薄くしないとキレイに垂らすことができないので注意。

9 テーブルクロスは白だけで塗っても見映えがしないので、折り目とテーブルからはみ出た部分に陰を入れる。全体をフラットホワイトで塗装して折り目に紙を当てて陰を吹き付けた。陰色はタミヤアクリルのバフ＋ラバーブラックを極薄めて使用する。

10 カーテンレールの装飾もさまざまで、すべての部屋で同じレールが使われたのは不自然だ。そこでプラ板で作ったレールカバーを取り付けたものも用意した。カーテンは窓に付けて塗装することはできないので、別に作って塗り分ける。塗り方は暗い色を塗ってから、明るい色を角度を変えてエアブラシで吹き付ける。フィギュアと同じ要領で塗装した。

3-3-2 プラ板を使って様々な小物を作る

プラ板は、プラスチックモデルと同じPS樹脂（ポリスチレン）が使われているといううこともあり、切断や切削、接着が簡単に行なえる使いやすい素材といえるでしょう。本作は、破壊された市街地を再現した本作は、ダイオラマのなかにたくさんの自作した小物を配置しました。その小物の多くはプラ板を使って製作し、さまざまな技法を駆使して作られています。プラ板の特性や技法を知ることは少し面倒でもありますが、模型作りの表現を広げることができる、強い味方になるでしょう。■

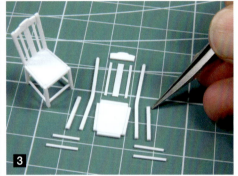

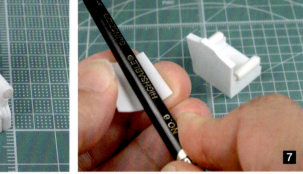

プラ板を仮止めして削り出す

●本作では全部で15脚の椅子を作ったが、多くのパーツの切り出しや整形、組み立ては各パートごとに一度に効率よく行なった。また同じサイズのものをたくさん切り出すときはプラ板切断器具の「チョッパー」が重宝する。
1椅子の脚は、先端が細くテーパーが付いた物が多い。複数の同じ形状の足を整形するには、まず両面テープを貼ったプラ板に、切り出した脚のパーツを貼り付けて、同時に削り出す。テーパーのはじまりにはペンでアタリを描いてから、そこから下側は強く削って細くする。コツは最初に180番の粗いヤスリで一気に削ること。仕上げにはヤスリを使わずに、エッチングソーの刃を脚の上下方向にケガいて木目をつける。
2凸型の背板も、必要な数をプラ板に瞬間接着剤で仮止めし、一度に削って整形する。その後、接着部にデザインナイフの刃を入れて、背板を一枚ずつ剥がしていく。背板に仮止めで付けた瞬間接着剤は、ナイフでカンナがけしてていねいに削り取る。
3自作した椅子はおもにレストランに配置するので装飾があまりないシンプルなデザインとした。椅子は全部で13パーツから構成し、背板0.75㎜、背もたれ0.5㎜、座面1.2㎜、脚1.2㎜、脚の梁0.8㎜の各プラ材を切り出した。
4椅子の背もたれとして3本の板を取り付ける。等間隔でパーツを配置するときは、はじめに真ん中の板から接着する。残りの2本は接着スペースが狭くなるので目算で簡単に位置決めできる。

プラ板で曲面を再現する

●曲面で形られたソファーは、手練れの造形師ならパテ類で作ってしまうだろう。ただシンメトリーなデザインは左右を同じサイズに作るのが難しく、ここでは使い慣れたプラ板を使って製作する。作業はいつものようにパソコンで作図した図面をもとにプラ板を切り出して各パーツを組み立てる。厚みのあるパーツは、プラ板を積層して丸みとボリュームを出している。
5積層したプラ板のエッジは180番の紙ヤスリで大まかに削り落としてから、600番のスポンジヤスリで滑らかに整形する。こまかいパーツは写真のようにプラ板の持ち手に固定すれば仕上げやすい。
6図面をもとに切り出したプラ板を組み立てた状態。ここではエッジが立って丸みがない。
7なだらかなアールの付いたソファーの背面は、削り出すよりも曲げ癖をつけたプラ板を貼ったほうがきれいに仕上がる。写真は0.5㎜プラ板を筆の柄に押し当ててアールをつけているところ。
8ソファー全体の角を落とした状態。プラ板だけでもていねいに角を落とせばソフトな感じに仕上がる。なお背もたれに描き込んだ線は、次の工程で入れる縫い目のアタリ線。
9さすがにソファーの縫い目はプラ板では作れないので、ここからエポキシパテを使って質感を出す。はじめに背もたれにパテを盛り水をつけて筆で表面を均す。そしてパテをしばらく乾かして、パテの表面のべとつきがなくなったら、背もたれのディテールを造形する。
10工程**8**で描いたアタリ線に沿って、斜めに縫い目をモールドする。縫い目はスパチュラやナイフの背を使って周りのパテが食い込むよう太めに入れる。次に縫い目が交わった部分に太めの筆の柄を押し当てて窪みをつける。

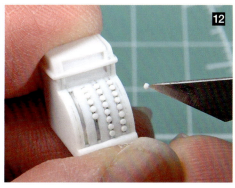

プラ板を挟んで太い溝を再現する

11 パン屋のカウンターに置く、レジスターにキー（ボタン）をつける溝がある。この溝は幅が太くて深いので、一本ずつ彫るのは難しい。そこで1.2mmプラ板と、一回り小さく切った0.5mmプラ板を、交互に挟んで接着した。これなら深さと幅が均一な溝が簡単に再現できる。ここで接着した大小のプラ板も同じ形に切るのだが、前頁の工程2と同様に必要枚数を瞬間接着剤で貼止めし、いちどに削って整形した。

12 完成した溝に値段を打ち込むキーを取り付ける。溝が均一に入るとキーも正確に取り付けることができる。

ペンで着色し削りすぎを防ぐ

●ポストの屋根は傾斜した三面で構成されている。これを再現するにあたり、プラ板で切り出した三面を接着するには小さく難しい。そこで屋根に厚みのあるプラ板を貼り、丁寧にナイフで削って傾斜を再現する。

13 14 ナイフで屋根の傾斜を削るとき、三面の底辺が歪まないように削りたい。そこで屋根のプラ板を貼る前に、油性ペンで本体の小口を色付けする。その線をアタリに屋根を削る。

15 16 見た瞬間は複雑な形に思うが、郵便ポストも椅子と同様に、パーツごとに整形して取り付ければ、想像するほど難しくない。ただ物が小さいので持ち手があると作業しやすい。

プラペーパーでベルトを作る

●ベルトとバックルはエッチングパーツなどを使わなくても、物に貼り付いた状態なら0.1mmのプラペーパーを使えば作ることができる。

17 ベルトとバックルはプラペーパーを使用するが、同じ長さに切るときは必要数を揃えて切断するとよい。

18 はじめに写真のように幅1mmと1.5mmのプラペーパーを組み合わせて瞬間接着剤で固定する。

19 デザインナイフでベルトや金具の形を切り揃える。対象に貼り付けてしまうと切り込むのも簡単だ。

20 タガネを使ってベルトの表面を彫って凹凸をつける。バックルはプラペーパーの表面を彫り起こして仕上げた。作業は拡大鏡が必須となるが、好みの形を再現できる。

21 この形の椅子はインジェクションプラスチックキットはおろかレジン製のキットもない。ものが小さく量産には苦労したが、椅子はそもそも数が必要で、1～2脚しかないと日常らしさを感じない。

22 室内の角に鎮座する存在感のあるソファーも、ここまで作り込まれた製品はない。見ための色と量感により、作品の裏側を華やかに演出する要素のひとつになる。

23 戦前からよく見られたレジスターだが、パン屋のカウンターにキャッシュ・ドロアを開けて置くだけで、場所の説明と状況を語らせることができる。

24 過去に、このポストを再現した作品は見たことがない。場所の説明は言うまでもなく、色と形が持つ魅力は作品の見せ場になってくれる。

25 屋根裏に置いたトランクも、数が多い方が実感が増す。最終的にはホコリで隠れてしまうが、細部までキレイに塗り分けると地味な屋根裏が華やかになる。

3-3-3　そのほかの家具の作り方

ダイオラマに配置する小物は、パテやプラ板だけを使ってスクラッチビルドすることはできません。身の回りにある生活用品は、面や立方体以外にも、複雑な形をしていたり、様々な素材でできています。それらを1/35の模型で再現するには、なにを使えばリアルに、しかも簡単に作ることができるのか？またそれは何に応用が効くのか？そんな作り方を考えるのも、模型作りの楽しみのひとつといえるでしょう。■

ハンダ付けで小物に精密感を出す

●強度があり、切断や折り曲げしやすい真ちゅう線は、精密感が必要な小物作りに役立つ。本作でもベッドの柵作りに使用した。ただし工作精度が高くないと鑑賞者を萎えさせてしまうのでていねいに作りたい。

1 下絵をパソコンで図面に出力する。次に図面の上から両面テープを貼り、切り出した真ちゅう線を仮止めする。そして各パーツの継ぎ目にフラックスを塗ってハンダ付けする。両面テープにパーツを仮止めすれば、歪みなく溶着できる。

2 ハンダを使うとき、熱で隣のハンダが溶けてしまうことがある。そうならないために、先に付けたハンダの上に、水を含ませた「こより」を置く。これで近くでハンダを使っても、熱が伝導せずに隣のハンダを溶かさない。

エポキシパテを使った素材表現

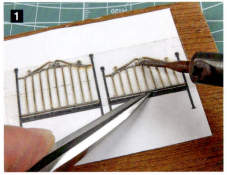

3 パン屋の店内用に置く籐の籠を製作する。まずプラ板の表面にエポキシパテを薄く伸ばす。次に少し乾燥させてから、パテの表面にエッチングソーの刃を横に引いて跡を付ける。ツィンメリット・コーティングと同じ要領だが、エッチングソーを引くときは、はじめと終わりを押しつけるように力を入れ、その中間は力を緩めて緩急をつける。パターンにうねりをつけると編み込んだ籐らしく仕上がる。

4 パターンをつけたパテのシートが硬化したら、プラ板から剥がして両面に編み目のパターンがくるように2枚のシートを貼り合わせる。次にそのシートを短冊状に切り分けて、必要なサイズをカットする。最後にゼリー状の瞬間接着剤を使って箱組みする。

よじった銅線を素材にする

●何かと使う機会が多い細い金属線は、常備しておきたい素材といえる。本作でもさまざまな太さの線を用意して適宜ディテールアップに使用した。

5 6 0.3mmの銅線を、3本束ねて電動ドリルにセットして、よじって籠の取っ手を再現した。このように束ねた金属線は電動ドリルを使えばキレイによじることができる。よじった金属線は写真の取っ手以外にも、細いロープや鉄筋としても使える。また0.1mmの金属を2本よじって、それを逆回転でよじりなおすと、2本の曲げ癖が重なってチェーンのようにすることもできる。

第3章：瓦礫、小物、植物の製作

3-4 植物類の製作と塗装

ダイオラマ作品のアクセントとなる樹木の製作にはさまざまな方法がある。ここではある一定以上のクオリティーの木々を表現するために必要な素材の選び方、枝の作り方を紹介する

「安心」「癒し」「リラックス」本作には似つかわしい言葉ですが、これは緑色が持つイメージとされています。植栽は製作当初から本作に入れる予定でした。ただ色の持つイメージが作品の状況とは正反対ということもあり、どの程度の扱いにするか悩みどころでもありました。さらに石やコンクリートが多い本作は、色合いが無彩色に振られており、おまけにホンヤリとした色表現で、緑の要素がなくてはボンヤリとした色合いに仕上がることは目に見えます。

たとえ樹木を配置しても、絵に締まりのない作品となってもよくありません。そこで本作では樹木以外にも、ツタや草などの植物も配置することにしました。

するとどうでしょう。たしかに緑の植物が入ったことで作品に落ち着きを感じます。いえ作品が語る殺伐とした状況を、嫌みなく見ることができるようになりました。もちろん緑が入っても、負傷兵の描写がある戦闘中の本質はブレることはありません。緊張感を保ちながらも作品を見やすくする。植物の緑には、そんな効果がありそうです。■

3-4-1 庭を造園する

パン屋の隣りにある石塀の裏には、最初のレイアウトで決めたとおり、庭を作ることにしました。前述したように緑の影響が気になっていたのですが、塀の裏は表から見えず、そのため表側との対比になると考えて、庭に草やツタなどの緑を増やすことにしました。

木が植わった庭は石塀で囲まれて、塀にはたいてい青黒いコケが生えて、ツタが絡み付いています。このような作りはノルマンディーではよく見られ、舞台の説得力を高めることができるでしょう。■

1 フランスのノルマンディー地方は、雨が降りやすく、湿潤で冬でも草が繁っているという。現地の写真を見ると、それを裏付けるように壁面には黒くコケが付いている。それを再現するために、まずは建物と壁の間や壁と歩道の際に、ターペンタインで薄めた、油絵の具のローアンバーやバーントアンバーを塗り重ねてシミを描く。

2 油絵の具のシミが乾いたらAKインタラクティブのAK24とAK26を塗ってコケや地衣類（樹木の幹やコンクリート、石垣などによく見られる、薄緑色のシミ状になった菌類と藻類の共生体）を再現する。これはGSIクレオスのMr.ウェザリングカラー フィルタ・リキッド、フェイスグリーンとスポットイエローでも同じことが再現できる。

3 ミニネイチャー製の丈の短い草を短冊状に切って植え込み、石畳の目地から生えた草を再現した。

4 壁に絡んだツタを再現する。まずはデューロパテを使ってツタの幹を作る。硬化後も弾力性があるこのパテを使えば、完成してからも壁に密着させることができる。よく練り合わせたパテを細く伸ばすが、このとき幹をネジっておくとツタらしくなる。そしてプラ板に貼り付けて形を整える。

5 パテが硬化したら幹をプラ板に貼ったまま、ファレホアクリルで塗装する。はじめにドイツ軍戦車兵カラー（黒）を塗り、次にドイツ軍戦車兵（黒）ハイライトカラーを塗る。最後はダークシーグレーでハイライトを描き込み乾燥後に幹をデザインナイフで、ていねいにそぎ取る。

6 ゼリー状瞬間接着剤を使ってツタの幹を壁に接着する。実物の写真を見ながら適度にうねらせて雰囲気を出す。幹は最終的に葉で覆うので、すべての幹を繋げる必要はない。

7 葉は精密にレーザーカットされたペーパーキットでお馴染みの紙創りの「アイビー」を使用。塗装は枠から切り出す前に、ラッカーのグリーンとイエローをまだらに筆塗りする。ツヤのある塗料で塗ると生っぽく仕上がる。

8 ツタは枠から切り出したまま使用せずに、ひと手間加えるとよりリアルに仕上がる。葉の表面にスパチュラを押し当てて表面が丸くなるように、曲げ癖をつけた。写真の右側2本が曲げ癖をつけたもので、ほかは枠から切り出したままのもの。比べると葉に表情が付いているのがわかる。

9 加工したツタを幹の上に接着する。このツタはよくできているので幹がなくても貼るだけでらしく仕上がるが、幹の上に付けることでボリュームが増し立体感が出る。ツタは接着後に葉を上に向け、部分的に追加して密度を出すと、より自然な仕上がりになる。

10 さらに葉の表面を部分的に、アクリル塗料のパークグリーンとライトグリーンでまだらに塗る。また幹をファレホアクリルのドイツ軍戦車兵カラーで塗り分ける。

11 地面に紙粘土を盛ってから、ファレホアクリルのアメリカ軍戦車兵ハイライトカラーを塗る。その上から砂を茶こしでこしたものを、まばらに撒く。また砂は水で溶いた木工用ボンドで定着させた。

12 草はJoe Fixの「オリーブグリーンの草（2㎜）」を木工用ボンドの原液の上に撒いて接着し、ボンドが乾いたらつや消しクリヤーを吹いて繊維のツヤを消しておく。

13 最後に小石や紙創りの「枯れ葉（雑木）」を配置し、その上に自作の瓦礫を撒いて地面を仕上げる。

14 完成したツタと庭の地面。無機質な壁面にツタの緑が入ると、色味が華やぐと同時にディテールの密度が増す。ツタは色味的にもその存在を主張するが、少し植えただけではウソっぽくなる。自然のツタの葉には密度があるように、植えると決めたなら密度がでるまでとことん葉を足してやる必要がある。

葉を手軽に量産できるリーフパンチ

● グリーンスタッフワールドの「リーフパンチ」は紙や実物の葉を打ち抜いて、ミニチュアの葉っぱを作ることができる。左の二つは4〜5㎜の葉、右の三つは2〜3㎜の葉を打ち抜くことができる。種類もカエデ、メープル、オーク、広葉樹の葉など、混ぜて使うと自然な仕上がりになる。

A 緑の色付きの紙を抜いたもの。なるべく薄い紙を使い、ここでも葉の表面を押して丸めておく。

B 茶系のアクリル塗料で着色したクラフト紙（封筒の紙）を打ち抜いて作った落ち葉。落葉した葉は乾燥して丸まるので、キレイな紙を使うと実感に欠ける。あらかじめ、しわくちゃにした紙をパンチで抜く。このとき、先に抜いた部分に重なるようにして、葉の欠けを再現しても良いだろう。

3-4-3　樹木の芯を作る

1樹木の作り方はいろいろあるが、今回は定番ともいえる手芸用のワイヤー（針金）を使った作り方を紹介する。まず23番（#23）の紙巻ワイヤーと30番（#30）の裸ワイヤーを使って樹木の幹を再現する。このとき幹となる紙巻ワイヤーと枝となる裸ワイヤーをこのようにずらして束ねておく。

2束ねたワイヤーは下側を固定して、写真のようにねじって幹を再現する。次に幹の束からワイヤーを4～5本取り分けて、ねじって枝を作り「残りの束をねじってまた幹を作る」作業を繰り返して、樹木の芯となる幹と枝を再現する。

3枝はある程度のところで折り曲げて、ワイヤーの先端を枝の根元でねじってまとめる。そして折り返し部分は先端までねじりきらず、写真のようにリング状にする。

4リングの真ん中をニッパーで切断し、ワイヤーを1本ずつ除けてはねじりを繰り返し、小さな枝が次々に分岐する枝を作する。

5ワイヤーは細くなるに従ってねじり難くなる。そんなときはこのように芯ホルダーに噛ませてねじると作業しやすい。

6枝作りが終わったら長過ぎる枝を剪定し、枝の形が似かよらないようにプライヤーを使って表情をつける。

7木の形はいろいろあるがシルエットが卵型になるように整えた。幹はまっすぐにせず、部分的にくびれをつけると雰囲気がでる。また幹は、作業台やダイオラマに差し込むぶん長めに作っておく。なお長さに余裕があれば作業途中に高さを延長することもできる。

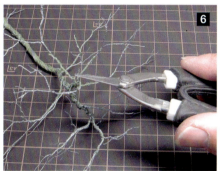
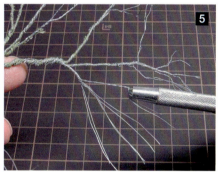

3-4-4　幹と枝を仕上げる

1針金で作った樹木の芯は、そのままでは表情が硬く感じる。そこでまずはワイヤーの表面に木工用ボンドを塗って、ねじった跡を目止めする。ここで使用するボンドはセメダインの木工用速乾。乾燥すると通常のものより若干硬めで硬化する。ボンドを塗るポイントは幹や枝に限らず、根元を多めに塗り、先端にいくほど細くなるように仕上げる。写真では枝の先端にもボンドを塗っているが、根元から先までボンドを塗ると枝が太く、見た目が野暮ったくなるので、枝先はワイヤーのまま残しておいたほうがよい。

2幹はボンドを塗っただけでは細く、形が単調なので、根元から2/3辺りまでセメダインの「エポキシパテ木部用」を盛ってボリュームを足す。パテとボンドが乾燥したら、リューターを使って形を整える。

3樹木の全体に粘度が高いジェッソの原液を厚塗りし、上下方向に筆ムラを残して樹皮の質感を再現した。なお今回はブナのような表面が滑らかな樹皮を再現したが、カシやコナラなどのこまかい縦じわが入った樹皮は工程2のエポキシパテを盛った状態でモールドを加えておく。

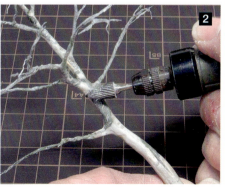

4 次にオランダドライフラワー（以後ODF）を使って枝の密度を高めていく。ODFはジオラマ作りで木を再現するときの定番品。写真のように枝振りが良ければそのまま樹木として使うことができる。ODFを使うと、入手先の問合せがよくあるが、私は情景模型の専門店として有名な「さかつうギャラリー」で購入している。同店で扱っているScenic EXPRESS社の「Super Trees」という商品は、天然素材なので形にムラはあるものの、ボリュームがあり枝振りがよいのでお勧めだ。

5 ODFを適度な大きさにちぎって、木工用ボンドで枝の先端に植えていく。枝は最終的に葉で覆われるため、枝の継ぎ目や枝の取付け角度など、あまりシビアに接着する必要はない。ただ葉が付いたときにスカスカにならないように、枝の密度を濃く植える。なお「ダイオラマパーフェクション1」で落葉した木を作ったときは、ODFに付いている小さな種を取り除く方法を紹介したが、今回は葉で隠れるのでそのまま使う。

6 ODFを植えた状態。幹の下側に枝の切り株を再現しているが、これは庭木らしさを出すために枝を剪定した跡。この樹木はいかにも「木」といった感じのシルエットにまとめたが、あくまでもジオラマの要素の一部なので、奇をてらわずに樹木らしい形を優先した。

3-4-5　幹と枝を塗装する

1 樹木の塗装は、はじめにシェードとして缶スプレーのMr.フィニッシングサーフェイサー1500（ブラック）を全体に吹き付ける。このときスプレーを吹く方向は下側からのみでよい。上からは吹き付けない。

2 樹皮の塗装はサーフェイサーとは反対に木の上側から塗料を吹き付ける。樹皮の色は木によって違いがあるが、ここではカーキドラブにカーキとミディアムグレイの混色を塗装した。塗装時は、それぞれの色の比率を変えてムラ状に吹き付けると雰囲気が出る。また後でウォッシングすることも考えて、幹の色味は明度を高めに仕上げる。樹皮は茶色で塗るのは避けよう。松や杉など茶色っぽい樹木もあるが、茶色は人が木をイメージするときの色で実際の樹皮の色ではない。

3 次に油絵の具を使って樹皮に表情をつけていく。油絵の具はローアンバー、バーントアンバー、ハイドレンジャブルーを使用。3色を適当に混ぜてターペンタインで薄め、面相筆を使って縦方向にこまかく筋を描き込んでいく。このとき幹の窪みや枝の付け根には、青を多めに混ぜて陰を強調して立体感を出す。

4 樹皮にも地衣類やコケを塗装で再現する。この樹木のような地味な色で滑らかな樹皮の幹に付けると、間延び防止に効果的だ。色や塗り方はP83と同様に行なうが、やり過ぎるとクドくなるので色を差す量は加減したい。

5 全体を塗り終えた状態。樹皮に表情を付けたのは幹の下半分と一部の枝のみで、葉が付いて隠れる部分は、エアブラシの塗りっぱなしで止めている。枝の末端はベージュやライトグレーのような薄い色の場合もあるが、葉を付けたときのコントラストが強くなるように色味は彩度を下げて暗くした。滑らかな樹皮は、質感やコケの塗り込みで間を持たせることができるが、塗装前の作業として、幹の根元に根のウネを付けたり、樹皮が捲れた穴（溝）を掘ったりして塗りによる陰影が付きやすくした造形が効いている。

3-4-6 葉を再現する

樹木を作るとき、昔からよく使われるのは「乾燥パセリ」。入手しやすさは魅力ですが、葉の形がいまひとつ、葉と枝の塗り分けはできません。着色済みスポンジ（パウダー状の着色する必要のないコースターフ）も定番です。枝に付けてから塗り分けはできません。1/35スケールでは葉っぱらしさに欠けるかと。精密感とリアリティーを求めるなら、レーザーカットしたペーパーキットの右に出るものはありません。しかし量を使うとコストパフォーマンスが泣きどころ。どの商品にも一長一短があり、決め手は何を表現するかと好みで選ぶしかないようです。 ■

① 1/35スケールの樹木表現で葉っぱ選びに苦労する。そんな悩みが解消できる商品を見つけたので、本作で使ってみることにした。それは鉄道模型メーカーのKATOが取り扱うノッホ（ドイツの情景素材メーカー）の「樹葉」という素材。この製品は楕円の形をした平たい粒状の素材で、明緑色、緑色、暗緑色の3色が用意されている。粒の大きさは2㎜前後と若干小さめながら、枝に付けると雰囲気はとてもよい。国内でも通販なら入手しやすいので、今後も1/35スケールの樹木作りに使いたい。（写真は左が緑色で右は暗緑色）

② 樹木に葉を付ける接着剤として、スプレーのりを使う方法は幹にものりが付着して、そこに葉が付くのでひとつな仕上がりになる。そこで接着にはマットメディウムを使用する。手順はメディウムを筆にとり、葉が生えそうなところに塗り付ける。

③ メディウムを塗った部分に適量摘んだノッホの「樹葉」を振りかける。これなら余計なところに葉が付かず、メディウムを塗ったところだけ、ピンポイントで葉を接着することができる。「樹葉」を付けるときのポイントは、まず奥まったところに「暗緑色」を付け、残ったところに「緑色」を付ければ奥行きがでて立体感が増す。

④ 最後にうすめ液で薄めたフラットグリーン＋フラットホワイト（タミヤアクリル）をごく、ごくわずか表面に吹き付けて、葉の色を引き締める。完成した樹木は葉と枝、幹がキレイに塗り分けられて、メリハリが効いたはっきりした印象に仕上がった。

針金を使わない幹の作り方

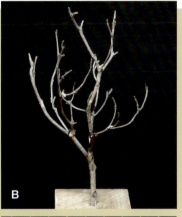

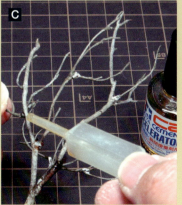

● 樹木作りに手芸用ワイヤーを使えば、好みの形で、必要な場面に合った木を作ることができる。また繊細な形でも強度を出すことができるなど、メリットがある。ところが針金細工は手間がかかるのも事実。週末に手軽に作れるとはいいがたい。ここでは手芸用のワイヤー（針金）やパテを一切使わない簡単な木の作り方を紹介しよう。

Ⓐ 自宅の敷地で拾ったツツジの枝。模型的に見て木に見えるような良い枝振りの枝を、根気よく見つける。

Ⓑ 画像Ⓐの状態でもODFを足せばそれらしく仕上がるが部分的に枝を付け替えて横にボリュームのある枝振りに作り替えた。枝はほぼ捨てずに接着しなおしただけ。

Ⓒ 枝の付け替えは折ったものをゼリー状の瞬間接着剤で付けただけ。接着はタミヤの硬化促進剤（瞬間接着剤用）をスポイトで垂らせば作業がはかどる。

Ⓓ 画像Ⓑの状態のあと、ODFの植え込みや塗装はここで紹介したことと同様の工程で作り、ほぼ半日で完成させた。

3-4-7　作った木樹を植える

❶地面がまだ未完成のときに、繊細な作りの樹木を配置すると破損させるリスクがあるため、樹木はダイオラマの要素がほぼ完成してから配置する。植える前に地面にドリルで穴をあける。そして穴の周りに木工用ボンドを塗り、そこにスタティックグラスを植えて草を生やす。
❷ボンドが乾かないうちに、幹の根元に木工用ボンドを塗り、開けた穴に差し込んで固定する。植えたときにはみ出した木工用ボンドは、上からスタティックグラスを撒いて幹の付け根を地面に馴染ませる。
❸樹木づくりは難しく思われがちだが、葉っぱを付けてしまえば枝振りや、多少の粗い仕上げは隠れてしまう。葉が茂った樹木なら、コツさえ覚えれば難しくない。ダイオラマに樹木を配置すると、作品に高低差が生まれ、作品の量感（ボリューム）が増して密度が高まる。ブナの木は大きいもので樹高が約20～30mで、幹も直径が1.5mに達するそうだ。1/35にすると高さが50cmになる。この例はあまりにも極端だが、ダイオラマに配置する樹木は小さめに作らないと、ダイオラマに無駄な空間を生んでしまう。木の高さはダイオラマのサイズに合わせてバランスをとろう。
❹植物の葉の色は、光が当たると彩度が若干落ちつつも、明度が高くなって緑の色味が淡くなる。ダイオラマの設定が7月で、木々の緑が濃く、青々としていても、日が当たっているのなら濃い緑色にしないほうが良い。またレンガの壁と植物を隣り合わせで配置すると、配色でいえば完全な補色になる。色の使い方としては躊躇する組み合わせではあるのだが、コントラストの強さは見ての通りで、作品の端をしっかりと締めてくれた。

葉に「乾燥パセリ」を使う方法

●さまざまな素材があるとはいえ、入手しやすさや割安感、ボリューム感など、乾燥パセリはまだまだ葉の定番品だ。
●パセリの接着はマットメディウムを使えばキレイに仕上げることができる。変色が激しく数ヶ月で枯れ草色に変わってしまうのでエアブラシによる着色は必須。
●実際にエアブラシで塗ってみると下の写真の左と中央のようになる。枝と葉の塗り分けはほぼ無理だが、ボリュームが少なければ筆でリタッチするとよいだろう。写真右は葉にノッホの「樹葉」を使ったもの。葉のボリューム感は圧倒的に真んなかの無加工の乾燥パセリを使った枝に軍配が上がる。ただ葉の形がいびつで粗さが気にならなくもない。
●そこでフードプロセッサーで刻んだ葉を使用したのが左の枝で、若干こまかく刻み過ぎたが、葉の大きさが揃っていて精密感がある。真ん中は夏、左は春先あるいは偽装で枯れかけなど、使い分けてもよいだろう。

SPECIAL
KAZUYA YOSHIOKA FIGURE WORK'S 3

1/35 原寸

フィギュアを載せる地面を作り込む

"Mending the breach"
・初出：Armour Modelling No.181
・タミヤ　1/35　ドイツ 機関銃手／空軍戦闘機エースパイロット
※スケール限定販売品

フィギュアを映えさせるグランドワーク

フィギュアは車両単体作品と違って、それだけでは飾れません。自立しにくいため、破損防止ということもありますが、ベースを付けたほうが格段に見映えが良くなります。そのときヴィネットまではいいませんが、周りの状況がわかる地面を加えてみてください。小さなフィギュアの存在が引き立ってくるはずです。

白い砂浜にヤシの幹で作られた塹壕がある太平洋の孤島。ホコリと瓦礫に覆われた中東の市街地。ビニールゴミが散乱する内戦のアフリカ、数センチ四方の地面に、フィギュアの置かれた風景がフィギュアのみで完結するのではなく、鑑賞者の視線がフィギュアから地面を観てまたフィギュアに戻ります。見せ場を増やすことで観る人の視線を長く停め、作品の魅力も高めてくれることでしょう。■作

1 作品の設定は北欧のエストニア。オットー・カリウスの活躍でおなじみの「ナルバの戦い」とした。ソ連軍の侵攻により築かれた橋頭堡を包囲、殲滅するドイツ軍をイメージし、ベースには陣地の一部を再現する。当初は陣地の一部ということで塹壕を作ろうとしたが、深さが1m以上の壁を作ると、フィギュアの背中が見えなくなる。そこで機関銃手陣地、あるいはバックフロントに見えるような板や杭をベースに配置することにした。
まずは1mm厚のプラ板で飾り台より少し小さい枠を作り、そのなかにタミヤのスチレンボード（5mm）をハメ込んで地形の形に削る。その上にセメダインのエポキシパテ木部用を盛り付けて地面の凹凸を再現した。ベースはフィギュアの背中側を高くするとバランスが良くなる。後ろ側に陣地の一部として、ナイフでケガいたプラ板と檜の丸棒を配置。また攻防戦の記号としてT34の履帯を置いた。構図は向かって右側にフィギュアを立たせるため、杭と履帯を左右斜めの二等辺三角形の形に配置。また履帯は少しベースからはみ出すことで、観る者にベースの外をイメージさせる。

2 ベース全体にMr.マホガニー サーフェイサーを吹き付けて、ファレホアクリルで木を塗り込む。このとき板だからといって茶色で塗るのは避ける。グレーをベースにサンドカラーでハイライトを入れて、板の質感が出るように描いていく。また履帯もすべて同じ色で塗るのではなく、部分的にトーンを変えると情報量が増える。さらに焦げ茶系の油絵の具でウォッシングし、表面の色味に深みを与える。

3 次に地面にピグメントを撒く。土は塗装で表現するよりピグメントを使った方が質感が出る。現地の土は暗いベージュ色だが、雪解けで湿った雰囲気が出るように、明度が低い色を選ぶ。また地面に置くときは一色だけでは単調になるため、三色のピグメントをまばらに置いて、さらに砂粒を撒くと土らしくなる。そしてグラベル＆サンドフィックスで、ピグメントを定着させる。

4 地面の窪みに水の質感を強調して地面の情報量を増やす。土色を混ぜたクリアー塗料を数回塗れば水が滲んだように仕上がる。

5 鹿の毛や繊維素材を使って植物を再現。土だけの地面に植物が植わると色と要素の情報量が増え、ベースが見映えする。

6 フィギュアを仮置きして、アクリル溶剤でダマ状に固めたピグメントや落ち葉、枯れ枝を置いてさらに地面の密度を高める。

7 これはP60で紹介したアメリカ海兵隊を載せるベース。落ち葉もジャングルとなるとたくさん要る。ここで使ったのはリーフパンチで打ち抜いた葉。（P84参照）ちなみに葉の定着は水で薄めたマットメディウムで行なった。

8 ドイツ機関銃手の作品でも使ったが、コケ表現にはフィルタリキットを使用する。塗るだけで湿り気を感じさせることができる。

9 完成したベース。履帯にサビと土を付けて地面に馴染ませる。鉄条網はレーザーカットで加工したもの。絵に動きは出るが、若干うるさく感じ、ナルバらしさに欠けた。フィギュアに作り込んだベースがあると、作品の完成度が上がる。また戦車単体と並べても、鑑賞者の目を引くことができる。

Mending the breach
Narva Estonia April 1944

第4章

Final composition of Diorama

ダイオラマの仕上げ

　ダイオラマの製作も終盤に入ると、配置する要素の作業もほぼ終わり、完成が見えてきます。そうしたら、それら要素をダイオラマベースの上に仮置きしてみましょう。そしてまずは一歩引いて全体を見渡してみるのです。

　視線の誘導の邪魔になっているものがないか、目立ってうるさく感じるものがないかどうか、いろいろと見えてくるものがあります。

　また今度は近くに寄ってみてください。塗り込みのあまいところはないか、ウェザリングの仕上がりがちぐはぐになっている箇所はないか、これまた見えてきます。

　仕上げの段階といっても要素を整理していく工程でもあります。最初のアイディアに固執せず、破綻している不要な部分があれば、容赦なく外すことも大切です。もちろん足りない要素はさらに加えることも大切です。

　最後に車両やフィギュアをベースに固定し、ベースを覆うマスキングテープを剥がすと、これまで時間を掛けて紡いできた世界が机の上に現れる瞬間がやってきます。

DIORAMA THE PERFECTION 3
FIGURE・FINAL COMPOSITION

第4章：ダイオラマの仕上げ
4-1 小物類の追加工作

当初のプランどおりに工作、塗装して要素を準備できたら、それらをベースに配していくが、そこでもより作品のシチュエーション、ストーリーを明確にするための追加工作をする必要が生まれる場合がある。ここでは具体的にどのような作業が必要か説明する

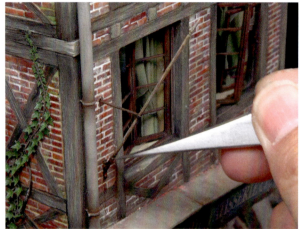

◀仕上げの行程ではダイオラマに小物を配して、作品全体の見せ場を増やすこともある。小物選びやそれらの効果的な配置をおこなえば、作品のストーリーにより深みがでたり、状況を明確にすることもできる。しかし無造作に要素を増やすとかえって悪手となることも少なくない。そこに小物を配置する必然性も考慮して仕上げ作業を行なおう。

本作の製作行程もいよいよ最終章ですが、仕上がった要素をダイオラマ上に配置していくことで見えてくるものがあります。個別で作っていたときは気にもしなかった要素が、いざ配置してみると、作品内の状況を説明するには、分かりづらかったり、不明瞭だったりするポイントが現れます。そういった箇所には状況を説明するために小物を足して明確にします。

また、「○○を足せばノルマンディーらしくなる」「○○があれば時代が分かりやすくなる」といった作品の舞台らしさがわかる小物を足すことも必要です。

あとから見つかった資料を作品に反映させたい場合もあります。作品がよくなるなら妥協せず加える、ことも大切です。

4-1-1 乗員の痕跡を作る

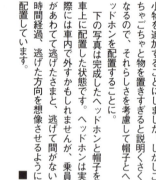

被弾して放棄されたIV号戦車から、乗員が脱出して間もない状況だと分かるように、小物を追加することにしました。しかしごちゃごちゃと物を置きすぎると説明くさくなるので、それらしさを考慮して帽子とヘッドホンを配置することに。

下の写真は完成したヘッドホンと帽子を車上に配置した状態です。ヘッドホンは実際には車内で外すかもしれませんが、乗員があわてて逃げたさまと、逃げて間がない時間経過、逃げた方向を想像させるように配置しています。

■1 帽子は置いたときに平たくなる略帽は避けて、タミヤとドラゴンのフィギュアセットからM43規格帽とクラッシュキャップを選ぶことにした。

■2 帽子のパーツは頭に被った状態で造形されている。そのまま置くと硬く不自然になるため、規格帽は右後ろ側にプラ板を貼ってアウトラインを大きく歪ませてから、中身をリューターでくり抜いた。またクラッシュキャップは帽子の中央をいったん横方向に切断し、裏面が平らになるように再接着する。ちょっとした加工だが、置いたときに車両とフィットする。このような小さいパーツを加工するときは、持ち手となるプラ板を瞬間接着剤で仮止めしておけば作業がはかどる。

■3 中身をくり抜いた規格帽は、チゼルで内側にシワを彫り込む。最後に切削した表面に、軽く流し込み接着剤を塗って荒れを整える。

■4 ヘッドホンは自作した耳当てにエッチングのツルパーツを付けたものを使用。コードは0.2㎜の針金を使い、フィッティングのときに外れないように、二股のところはハンダ付けした。コードの長さは1/35のフィギュアに対して足のくるぶし辺りでカットし、末端にはプラ板から切り出したプラグを付けている。

■5 完成したヘッドホンを戦車の上に置いてフィットさせる。このときコードが浮いてしまうと実感に欠けるので、綿棒を使ってコードをしごいて、車体に密着させた。

■6 別に塗装したヘッドホンと帽子を所定の場所に接着する。ここでは瞬間接着剤を使用するが、ゼリー状と低粘度を混ぜたものを、ピンセットで摘んだ歯ブラシの毛ですくって流し込む。

4-1-2　壁面に要素を足す

風雨に晒されて色あせたペンキ、劣化による漆喰の剥がれ、汚れや雨水によってできたシミ。建物の壁面は外からの作用により、複雑な表情を見せてくれます。本作の建物にもそんな風合いを塗装で表現したのですが、製作も終盤に入ると物足りなさが見えてきました。

旗を立てるフラッグスタンド、壁面に吊るされた街灯、戦闘の激しさを語る無数の弾痕……。壁面は建物のなかでもよく目立ちます。そこに要素を足すことができると、見た目の解像度以上に物語の深みを足すことができるのです。

ここでは、そんな壁面に経年変化以外の見せ場を加えて、ノルマンディーらしさや、戦場らしさを高めてみます。

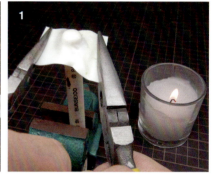

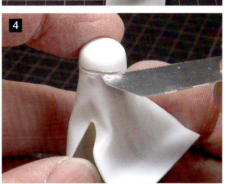
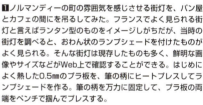
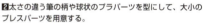
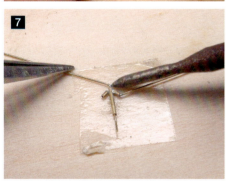

1 ノルマンディーの町の雰囲気を感じさせる街灯を、パン屋とカフェの間にを吊るしてみた。フランスでよく見られる街灯と言えばランタン型のものをイメージしがちだが、当時の街灯を調べると、おわん状のランプシェードを付けたものがよく見られる。そんな街灯は現存したものも多く、鮮明な画像やサイズなどがWeb上で確認することができる。はじめによく熱した0.5mmのプラ板を、筆の柄にヒートプレスしてランプシェードを作る。筆の柄を万力に固定して、プラ板の両端をペンチで掴んでプレスする。

2 太さの違う筆の柄や球状のプラパーツを型にして、大小のプレスパーツを用意する。

3 プレスしたパーツは再度、筆の柄に取付けて、スポンジヤスリを使って表面を滑らかに仕上げる。

4 筆の柄に取付けたまま、資料を参考にシェードの高さを決めて、エッチングソーで切断する。

5 切り抜いたシェードの底をヤスリで削って平らに仕上げ、フチに伸ばしランナーを貼ってプレス加工した状態を再現する。このとき伸ばしランナーは予め曲げ癖を付けておき、写真のような木の上に置いて流し込みタイプの接着剤で貼り付ける。

6 さらにサイズ違いのプレスしたパーツを合わせて、ランプシェードを完成させる。

7 ランプシェードの上に付くソケットカバーは、真ちゅうパイプを組み合わせて再現した。長短カットした真ちゅうパイプを、マスキングテープの上に「小」の字に仮止めする。真ん中のパイプには、建物の間に張られたケーブルに街灯を吊るすための滑車が付いている。作例ではケーブルが切れた状態にしたいので、写真のよう組み合わせてハンダで固定する。

8 ランプシェードにソケットカバーを取付けて、伸ばしランナーなどで配線のディテールを追加した。また街灯を吊るすケーブルが切れた状態になるように角度を調整して瞬間接着剤で固定する。最後にケーブルと配線の両端に、ゼリー状の瞬間接着剤を玉状に盛りつけて碍子を再現した。

9 組み上がった街灯を壁に仮止めし、切れたケーブルが垂直に垂れるように指で曲げて調整する。このあと街灯は表面をミディアムグレーで塗り、内側はホーロー製らしくなるようにグロスのホワイトで塗装した。

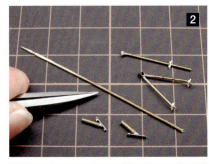

❶連合軍に解放されたノルマンディーの街を見ると、フランスの国旗を揚げた建物が目につく。国旗は無造作に窓枠から突き出たものもあるが、よく見ると壁面に旗を立てるフラッグスタンドを付けた建物が確認できる。スタンドは簡単な工作で精密感が演出できるので、自作して取り付けることにした。(フラッグスタンドは2階の壁や1階の入り口周りに設置され、形もボールを差し込むホルダーのみのシンプルなものから、支持架が付いたものまで幾つかの形があるようだ。)支持架の作り方は、はじめに0.7mmの真ちゅう線に、目立てヤスリで筋を彫り込み、筋を基点に「V」字状に折り曲げる。次に加工した真ちゅう線を両面テープを貼った板に貼り付けて、輪切りにした1.3mmの真ちゅうパイプをハンダ付けする。

❷支持架には短冊状に切ったプラ板で壁に固定する金具を追加し、プラ棒をスライスしたボルトを取り付ける。ポールのホルダーは、1.3mmの真ちゅうパイプと同じ幅の真ちゅう帯材をハンダ付けして自作。ポールは0.9mmの真ちゅう線の先端を矢じり状に削って再現した。

❸支持架は鉄製なので焦げ茶で塗装後に、茶系の油彩でウォッシングして鉄の質感を再現する。また壁面には取付け金具から流れたサビ垂れを描き込んでおく。

❹フィギュアの位置関係も決まったので、激しい銃撃戦が想像できるようにカフェとパン屋の壁面に弾痕を付ける。弾痕はリューターに直径1mmの丸ビットを取付けて、壁面を彫り込む。このとき注意するのは弾痕の位置で、上下、左右に等間隔にならないよう注意する。また集中しているところと、疎らなところを意識して、疎密ができるように穴を開ける。あと、リューターの力加減で穴のサイズに強弱を付けると雰囲気が増す。看板に付いた弾痕にもリューターを使うが、貫通しないように彫って凹みをつけてから、中心に0.5mmのピンバイスで穴を開ける。

❺❻弾痕は彫りっぱなしでは実感にかける。そこで穴のなかをタミヤエナメルで塗装する。コンクリートや漆喰の弾痕はフラットホワイト+デッキタンの混色。レンガの弾痕はフラットホワイト+フラットレッドの混色を使い、どちらにもタバコライオンを多めに混ぜて塗装する。なお看板の弾痕の色は、穴のなかをグレーに塗るだけでよい。

❼木の表面は看板と同様にリューターで彫ってからピンバイスで穴を開ける。さらに穴にナイフの刃を刺して開口部をささくれだたせると雰囲気がでる。穴の塗装はファレホアクリルのバフやアメリカ陸軍戦車兵ハイライトカラーで塗り分ける。このとき穴の中だけを塗るのではなく、穴の外側へささくれを描くと実感が増す。なお、この色は建物の木部の折れや、キズ表現にも使用した。

❽壁面にはヒビを彫り込んでいるが、数を増やしたいので油彩を使って描き込んだ。油彩は粘りがあり乾燥も遅いので細い線を描くのに適している。チューブから出した絵具はあまり薄めず、粘度が高い状態で使うと描きやすい。

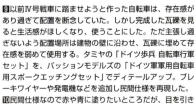

❾以前Ⅳ号戦車に踏ませようと作った自転車は、存在感があり過ぎて配置を断念していた。しかし完成した瓦礫を見ると生活感がほしくなり、使うことにした。ただ主張し過ぎないよう配置場所は建物の壁に沿わせ、瓦礫に埋めて存在感を弱めて使用する。タミヤの「ドイツ歩兵 自転車行軍セット」を、パッションモデルズの「ドイツ軍用自転車用スポークエッチングセット」でディテールアップ。ブレーキワイヤーや発電機などを追加し民間仕様を再現した。

❿民間仕様なので赤や青に塗りたいところだが、目を引き過ぎないようにすることと、1940年代の自転車らしくなるようにフレームを黒で塗る。基本塗装はラッカー塗料のブラックを全体に吹き付けてから、筆を使ってメッキ部分をシルバーで塗り分ける。モノが細かいがパーツをていねいに塗り分けると精密感が増す。最後にウェザリングカラーのグランドブラウンとステインブラウンでウォッシングして、ツヤを落ち着かせる。

⓫ライトは内側をシルバーで塗ってから、ガイアノーツのUVジェルクリアを流してライトレンズを再現した。

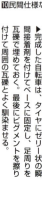

▶完成した自転車は、タイヤにゼリー状の瞬間接着剤を付けてベースに固定し、足周りを瓦礫で埋めておく。最後にピグメントを擦り付けて周囲の瓦礫とよく馴染ませる。

パソコンを使って小物を作る

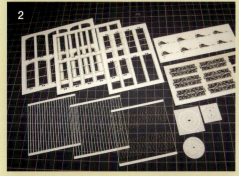

本作ではたくさんのストラクチャーを自作してきましたが、日常にはハンドメイドで再現し難いものも多く存在します。ダイオラマのなかにそんな要素があることで、鑑賞者の視線を作品内に停めるフックになるのです。手作りでは精度が出ないパーツを作るにあたり、特殊な厚紙や合板をレーザー加工機で切り出すなどして、ダイオラマ関連の製品や小物を製作、販売しているcobaanii mokei工房さんに製作を依頼しました。ここではその工程を見てみましょう。

1. cobaanii mokei工房ではこういったユーザーからのリクエストによって、作ってほしい模型小物をレーザー加工機で切り出すという製作サービスをやっています。手順としては、必要な要素はドローソフト（Adobe Illustrator）で1/35の実寸で作図し、そのデータを送る。このとき素材の種類や厚み、凹凸モールドを指定する。また複雑な形状のものはモチーフとした画像を添付しておくと切り間違いを防ぐことができる。データが作成できなくても、寸法や画像を送って説明すればcobaanii mokei工房側で作図し、カットしてくれるというサービスもある（データ製作料有料）。予算とも相談となるが、手軽さを求めるならすべてお任せするのもよいだろう。

2. カットされたパーツ。作図したとおりに正確にカットされている。とくにアコーディオンシャッターやアイアンの装飾は、この精度で自作するのは不可能なのでレーザーカットの効果は高い。

3. 素材が紙なので各種模型用塗料のほか、アクリル塗料やガッシュでも塗装できる。もちろんウォッシングなどのウェザリングをすることも可能。

4. 組み立ては表面の保護と接着しやすくするために、全体にサーフェイサーを吹き付ける。

5. 接着には瞬間接着剤を使用。ゼリー状と低粘度を混ぜ合わせ、ピンや楊枝ですくって接着する。

6. アコーディオンシャッターは、ツヤ消しブラックとレッドブラウンの混色で塗る。こういった繊細なパーツの塗装はエアブラシを使ったほうが破損のリスクを防ぐことができる。

7. 正確に採寸し作図しておけば、調整なしにピッタリと収まるのもデジタルならでは。トラス状のパーツを棚状のパーツで挟み込んだ作りは実物と同じ構造で、高い精密感を手軽に得ることができる。少々過剰なディテールだが視覚的にも刺激になり、作品の見栄えが増す部分になるだろう。

8. マンホールのフタもノルマンディーに当時実際にあったものを再現。こまかい文字は手作業では作れないので、ビジュアル的にもキャッチーな要素となる。塗装はアコーディオンシャッターと同様にサーフェイサー→ラッカー系塗料の焦げ茶→油彩の赤、青、黄をドッティングして色味に変化を付ける。

9. 最後にウェザリングカラーのサンディウォッシュでホコリ汚れを再現し、平ノミで彫り込んだ石畳にはめ込む。

10. 繊細さはもとより、実物どおりに帯状の鉄を曲げた作りが再現できた看板の支持架。看板はパソコンで作図してプリントアウトしたものを使用。

4-1-3　室内に照明や配管を追加する

半壊して部屋にぶら下がる照明は、演出と言えばそれまでですが、記録写真を見ると、壁がなくなったような建物でもほぼ無傷の照明が見受けられます。倒壊した建物を、さらに詳しく見てみると、壁面から配管や、天井から配線が垂れた様子も確認することができました。そんな配管や配線類は室内に人が暮らしていた証しでもあり、ここで1/35の人が暮らしていたと思わせる要素になるでしょう。

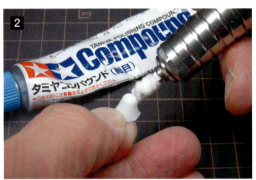

■1 照明のシェードは先端を丸く削ったプラ棒（写真右下）に、熱したタミヤ製のプラ板をヒートプレスしたものを切り出して製作した。

■2 切り出したランプシェードをコンパウンドで磨くとミルクガラスのような質感になる。リューターにコンパウンドを付けた綿棒をセットし研磨する。タミヤ製のプラ板の表面には平滑な処理をされた側と、ざらついた処理がされた側がある。シェードをガラス製にするときは、プラ板の平滑面を表にしてヒートプレスして磨くとそれらしく見える。

■3 作ったパーツを組み立てた状態。左端の4灯のペンダントライトと、その右のウォールランプは、ブラケットに前頁のレーザーカットした装飾（左下）を使って作ったもの。その取り付け基部は、プラ棒を電動ドリルに装着して旋盤加工で整形した。ウォールランプはシェードがラッパ型のほかにも、割れた丸形のシェードも作って種類を増やしてみた。

■4 塗装後の状態。アイアンのブラケットはラッカー系塗料の焦げ茶。真ちゅうのブラケットはタミヤエナメルのゴールドリーフ。1灯型ペンダントライトのシェードは、ラッカー系塗料のグリーンを筆塗りで仕上げた。なおガラスシェードはプラ板を磨いて仕上げた無塗装のまま。ペンダントライトは塗装後、天井から吊るせるように、エッチングのチェーンとコードを取付けた。

■5 バスルームの跡には、折れた配管を取り付けてみた。プラ棒を組み合わせたものや、適当な長さに切ってへこませただけのもの、コードを差し込んで電気の配線にしたりと、工作は至って簡単。

■6 こういったディテールはなくても構わないが、作品を見入った鑑賞者が発見すると「ニヤリ」とするか「呆れる」ポイントでもあり、そこをフックに、より深く観賞してもらえる。また作る側としても、このような足し算がダイオラマ作りのいちばんおもしろいところでもある。

■7 さらに浴室の壁に真ちゅう線で作った、バスカーテンのカーテンレールを配置する。これもエナメルのゴールドリーフを塗ってから茶系の油絵の具をウォッシング。汚れているところは濃く、キレイなところはそのままに絵具を塗るとヤレた真ちゅうの質感が再現できる。

■8 蛇腹状に折ったトレーシングペーパーで作った、破れたカーテンを垂らして雰囲気を出した。カーテンはサーフェイサーを吹いてから油絵の具の白を塗った後に、グレーで陰影を描きブレンディングして仕上げた。

第4章：ダイオラマの仕上げ
4-2 作品の仕上げと微調整

すべての要素がダイオラマベースの上に配置されたならば、最後は各要素のトーンをそろえるべく、塗装／ウェザリングを施すが、それでもまだ再考すべき要素に関してはトライ／エラーを繰り返すことで作品のクオリティが上がっていく

長く続いた作品作りもいよいよ大詰め。ここから作品の完成度を上げる大事な工程に入ります。作品は最後のひと手間で完成度が大きく変化することもあります。要素や色は、足し引きをして微調整を繰り返しましょう。

仕上げは小物を追加することとは別に、ダイオラマの空間の密度を上げたり、全体にホコリのレイヤーを被せて空気感を統一したりと、最後にしかできない作業を行ないます。また「ただ置いた」と思わせるような、フィギュアや車両のフィット感もおざなりにはできません。

ただ、これらの作業は作品を良くするためのものなのですが、いちばん大切なことは「そこにいた」「そこにあった」と思わせることです。モチベーションを保ち、理想の仕上がりになるまで粘って作業を続けることです。

▶車両や樹木はまだ仮置きだが最後の工程に入る前に写した一枚。フィギュア、電線やホコリ、小物などを置かなくても、作品としてはこれでフィニッシュでも悪くはない。ただ「まだ足りない」と思うなら、さらに作業を積み重ねてみよう。それにより思った以上の仕上がりになることも少なくない。

4-2-1 電線を張る

倒れかけた電柱や半壊した建物の軒から、何本もの行き場を失った電線が垂れてもつれたり、木に絡まったりする光景は、ひと目見ただけで非日常感を感じさせます。ところがいざ電線を再現するとなると線の太さや碍子の処理など、悩みが尽きない要素でもあります。国と時代の違いもあり、悩みが尽きない要素でもあります。ここでは記録写真から読み取った情報をもとに、当時らしい電線を張るコツを紹介します。

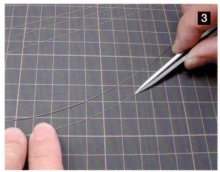

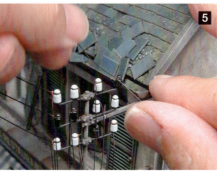

１当時使われた線の太さを調べるも、結局のところ分からなかった。当初は見映えを優先して0.3mmの真ちゅう線を張ったところ、太く見えて記録写真とは違った印象に思えた。電圧が高いいまの電線ならそれでも良いが、大戦中のフランスなら細めの方が雰囲気が出るようだ。そこで本作では0.2mmの針金と0.14mmの銅線を使うことにした。

２線が細いからといっても素材は金属なので、そのままでは扱いにくく、任意の形状に留めにくい。そこで必要な分をあらかじめ火で炙って焼き鈍しておく。細い金属線は焼きすぎると溶けてしまう。同じところを長く火に当てないよう、線を動かしながら焼きなます。

３記録写真に限らず日ごろ目にする架空布設された電線は、自重によってたるんでいる。弛みは電線らしさを再現するキモであると同時に、線を張ってからではなかなか形にしにくいため、先に弓なりに曲げ癖を付けておく。本作のように2本以上配線するときは、それぞれの垂れ具合（アール）を揃える必要もり、配線前に形をキープしておきたい。曲げ癖はたるみのアールにあった円柱形のもの（ゴミ箱やバケツなど）に沿わせて癖を付けてから、指やピンセットでしごいて調整する。

４実際の架空電線の固定方法は、碍子の溝に沿わせた電線を、バインド線と呼ばれる針金で、碍子の溝に巻いて結束する。1/35スケールでもできなくはないが、作例では碍子の数が多いので、次のような方法で電線を取り付けた。はじめに電線（焼きなました針金）を、写真のようにループ状にする。

５ループを碍子の溝に引っ掛けてから電線の両端を左右に引っ張って結びつける。このとき注意しないと電線の支持架を折ってしまうので作業は慎重に。また写真のような支持架なら奥の下側のいちばん結びにくい碍子から作業する。

６電線は作業中に不用意にテンションをかけるとすぐに形が歪んでしまう。碍子にすべての電線が結べたら、滑りの良い筆の柄で線をしごいて弛みを整える。

4-2-2 電線の演出と塗装

本先のように電線の数が多いと、線の流れを整えるのもひと苦労です。記録写真などに見られる、もつれた状態も捨てがたいのですが、線にボリュームが出て目立ちすぎるのもよくありません。線の数が多くても、クドミを抑えるコツは部分的に束ねること。地面に這う線は、方向を同じにしながら、それぞれの線を遊ばせるように配置するとよいでしょう。■

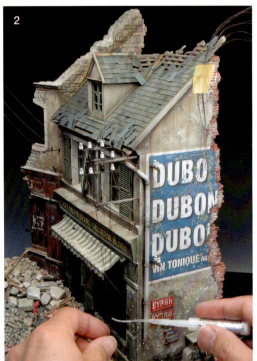

1 電線の整理は、はじめに線を碍子の奥と手前側に分けてから、指で押さえて束状にまとめる。

2 まとめた束は流し込み系の瞬間接着剤を少量付けて固定する。作業は、はじめに奥側から行なうが、手前の束が邪魔になる。そこで写真のように、まとめてテープで屋根に固定すれば、もつれずに作業がはかどる。

3 垂れた電線が大まかにまとまったら、残りは地面に這わせておく。作業はまず電線が地面に着いたところを瞬間接着剤で固定する。次にそこから線をそれらしく地面に這わせて固定する。固定にはここでも流し込み系の瞬間接着剤を使用した。流し込み系とゼリー状を混ぜた接着剤を、伸ばしランナーでそれぞれすくってピンポイントで接着する。少々はみ出してもリカバリーできる。

4 電線に変化を付けるために、ループ状にした針金を途中に接着してみた。これも実際に見られるのだが、ねじれた状態を再現すると雰囲気が出る。

5 塗装後に瞬間接着剤を使って固定すると、接着剤のはみ出した所にツヤがでて見映えが悪くなる。そんなときは色を塗ってリタッチするのもよいのだが、微妙な色のウェザリングで仕上げたところのリタッチはむずかしい。そこでここでは「つや消しクリアー」を吹きつけて接着剤のツヤを抑えた。対象にツヤがあると使えないが、違和感なく接着跡を消すことができる。ここではMr.カラーの「スーパークリアーつや消し」に「フラットベースなめらか・スムース」を足したものを使用した。

6 電線支持架から垂れ下がった線を、IV号戦車の砲身が引っ掛けた様子を再現する。はじめに砲身に電線を絡めて形を整える。線は焼きなましてあるので、形をつくりやすい。納得いく形になるまでやりなおそう。

7 形が決まったら綿棒を使って砲身に線を押し付けてたるみを整えて、瞬間接着剤で線の束のみを固定する。

8 左ページの演出を反映して、切れた線の先端を反らせる。単に反らせる以外にも反らさなかったり、極端に反らせてループしてもよい。

9 ダイオラマの奥側にも、建物の間に配線すると、正面から見たときに、手前の垂れ下がった線と重なって空間の密度が増す。また垂れた線が重なり合うと混沌とした雰囲気が生まれて戦場らしくなる。

10 配線を配置したら線を塗装する。当時の線の色も調べきれず、ツヤのない銀や黒っぽい物など経年で変化するようだ。今回はファレホアクリルの「ドイツ軍戦車兵カラー（黒）」＋「ダークシーグレー」を混色し、灰色っぽい色で塗装した。着色は筆で行なうが、たるませた曲げ癖が崩れないように注意する。また入りくんだところは付箋などを使ってマスキングすると塗りやすい。

11 配線後にダイオラマを遠目から客観視すると、電線が黒く主張し過ぎていた。そこでアクリル塗料のバフを吹き付けて、存在感を落とすと同時に、ダイオラマに馴染ませる。

4-2-3 電線を使った演出

電線は街らしさを出す記号として使う以外にも、細い線がいくつかあるだけで、ダイオラマの精密感を高める効果もあります。また線による特性を活かして鑑賞者の視線を焦点に導いたり、建物間に張って空間の密度を上げたりと、ダイオラマ作りに大変役立ってくれます。ここでは電線の演出方法をイラストを使って紹介しましょう。

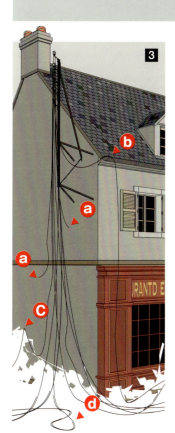
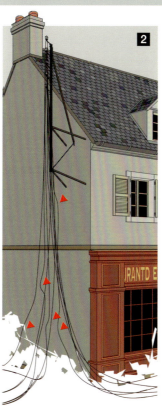
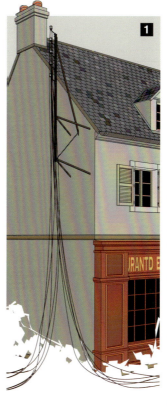

1 イラストはきれいに垂れた状態を描いたもの。垂れた線のイメージとしては、いちばんしっくりとくると思う。もちろんこの状態もあるにはあるが、記録写真を見るとそうではないことがわかる。

2 単に切れただけなら1のようになるが、戦場では建物が倒壊し、電線に物が当たり無理なテンションが掛かることもある。そんな状況では矢印のような針金を曲げたようなウネリができる。

3 さらに記録写真を踏まえて演出してみると、よくあるaのような途中で線が切れた状態。末端はまっすぐでもよいが、イラストのように反らすと引きちぎれた雰囲気が出る。そしてbのように線の途中で何かに引っ掛かった状態は、線に集中と疎らな箇所ができて、空間にコントラストを与えることができる。さらにcのように瓦礫と絡めると、建物と瓦礫に一体感が出る。さらにdのようなループやねじれを付ければ、線に表情が付いて電線の見応えが増す。このほかにも前頁のように砲身に引っ掛けることで戦車が走って来た様子を伝えたり、電線の演出は奥深い。

ダイオラマに電柱を立てるときの電線の処理あれこれ

ベースの両端に電柱を立てた場合

●「ベースの両端に電柱を立て電線を渡す」これがいちばん違和感がない例。ただ正面から見た構図が長方形で、抑揚がなくなってしまう。この例のように行軍中のシチュエーションなら良いが、戦闘中のような緊張感のあるシーンには似合わない。

電線をあえて付けない場合

●電線の断ち切りが碍子より右側はベースの端なので良いとして、左側の空きが気にならなくもない。それならいっそと、電線を省いてしまったのがこの例。同じ割り切りでもスッキリ見える。ただ線による密度がなくなるので見せ場が減る。

電線を根元で切った場合

●電柱を立てるときに、電線の処理に悩んだことはないだろうか。いちばん多いと思う線の処理が、この碍子の前後で断ち切った例。実際はこんな切れた電線はないので、鑑賞者が頭の中で「長い電線をまとめた処理」と割り切って見てくれる。

4-2-4 市街戦での埃の汚れを再現する

戦場になった市街地は、あらゆるものの上にホコリが真っ白に積もっています。紛争地や災害に遭った市街地は言うまでもなく、コンクリートや木造建築物の解体現場からもわかるように、建物が倒壊すると大量のホコリが辺り一面を覆います。完成前のダイオラマにホコリを被せてゆく作業は、市街地の戦場らしさを高めるためでもあります。ですがそれ以上に大切なことが、作品全体にホコリを被せることで、作品の統一感。別々で作ったのレイヤーを一層被せることで、素がひとつにまとまる瞬間でもあります。

1 ここでは塗装サンプルを使って解説する。写真はホコリ汚れを付ける前の塗装済み木製ドア。ホコリを付けるとぼんやりと眠たい色味になりやすい。基本塗装はシェードを濃いめに入れてコントラストを強めに付けている。

2 ホコリ汚れを施した状態。ホコリを被った写真をもとに、白っぽく汚れた様子を再現した。ただし模型的に見れば単調に見えてしまう。

3 模型表現でいうところの見映えの良いホコリ。付着に強弱があって、ランダムなムラにより作為感を感じさせない。こういった調子の仕上がりを目指したい。

4 作業は、はじめにホコリ汚れとしてダイオラマの地面に使うプラスターを柔らかい平筆で載せる。そして叩くように表面に擦り込んでいく。ここでやってはいけないのが、写真の平筆で対象に、粉をごしごしこすり付けること。途端に**2**のようになり、しかも取れにくくなる。

5 擦り込んだプラスターは余分を筆で払うと**3**の状態になる。そこから練り消しや消しゴムで、プラスターをムラ状に消す。

6 ムラが自然に馴染むようにコシの無い筆で表面を撫でる。

7 さらに筆でアクリル溶剤を弾いてランダムなこまかいシミを付け、コシの無い筆で表面を撫でてシミをなじませる。

8 9 実際にこれらの方法を本作品に施した部位の比較写真。カフェの店先は基本色をグリーンとして、基本色、退色した色、シェード色によってコントラストが付いた塗装をほどこし、その上から剥がれた塗膜を加えて、過不足なく仕上げられている。平時のダイオラマならこれで完成させても良いだろう。ただここに瓦礫が積もると話は別で、前述したように雨が降っている最中でないかぎり、市街地でひとたび戦闘が起こると街中はホコリまみれになる。**9**は戦場の記号が足されていることを差し引いても、ホコリ表現をしっかりと加えることで、ホコリっぽい空気感や戦闘中の臨場感が漂ってくる。最後のホコリ表現は瓦礫や建物内にも施した。ノルマンディー上陸後は、よく雨が降ったといわれていて、ホコリが雨に流された様子を再現するのも良いだろう。フィギュアと車両が配置されているとホコリを付ける作業がしにくいので、それらをレイアウトする前に建物にはホコリをほどこして、フィギュアや車両はあとで別途作業する。

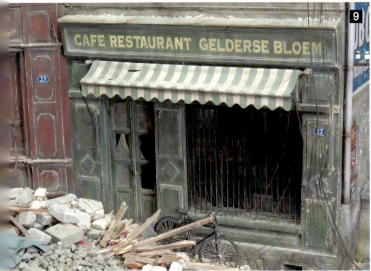

4-2-5　フィギュアと車両を配置する

全体にホコリを付けたら、この時点で車両とフィギュアをベースに固定します。これらを配置していくと、絵に動きが生まれ、作品がストーリーを語り始めます。この工程はダイオラマ作りでいちばん刺激的であり、いままでの苦労が報われる瞬間。ただ微妙な向きの違いだけで、物語が破綻してしまうこともあるので、フィギュア同士の連携は確認しながら配置しましょう。

■1 Ⅳ号戦車は瓦礫を配置するときに、履帯の動きに合わせて石やレンガを置いてベースにフィットさせた。ところが履帯の下が空っぽなのが、履帯の肉抜き穴の隙間から見えてしまう。
■2 そこで戦車を固定する前に、よく目立つ肉抜き穴の裏側に、こまかい瓦礫をマットメディウムで貼り付けた。
■3 再度配置してみると、最初の写真と比べて瓦礫が詰まってるように見え、戦車が重く瓦礫にフィットしているのがわかる。
■4 写真の二体を所定の場所に置いてみると、いまひとつしっくりこない。そこで足下の瓦礫を取って、地面を一段高くする。セメダインの木工エポキシパテで地面の高さを量増しし、フィギュアの高さを調整する。パテを押したり、盛ったりすることで微妙な高さがキープできる。
■5 フィギュアの位置と高さが決まったらパテを乾かして、瓦礫を足して足下を馴染ませる。

4-2-6　石畳に見せ場を追加する

作品の前側を占める石畳の広場は、物語の焦点となるフィギュアを引き立てるために、ホワイトスペースにするとP73で説明しました。ところがダイオラマが完成に近づくと間延びはしないまでも、なにか足したいと欲がでてきました。しかし余計な物を置くと収拾がつかなくなるため、記録写真で見つけた濡れた石畳を再現することにしました。瓦礫の隙間から染み出た水は、湿り気による彩度の低さと光沢によりよく目立ちます。こういった量感がない要素はボリュームを抑えた見せ場になります。

■1 はじめにMr.カラーのスーパークリアーⅢを吹き付けて水の下地を作る。このとき高低差を確認して、水の流れを想像しながら吹き付ける。
■2 水表現にはタミヤの透明エポキシ樹脂を使う。手順はジッパー付きのビニール袋に必要な分量の主剤と硬化剤を入れ、袋の空気を抜いてジッパーを閉める。そして袋を揉んで撹拌する。しっかり空気を抜けば、いくら撹拌しても気泡が発生しない。
■3 撹拌した樹脂は、ハサミで袋の隅を切って所定の位置に流す。絞るように流すとコントロールしやすい。今回はピカエースの樹脂用着色顔料（黄色、緑、白）を極少量混ぜて濁らせている。流す際にはベースを水平にしておかないと別の方向に流れてしまうので注意すること。
■4 樹脂を流したら、筆を使って水の流れを整理する。これで透明エポキシ樹脂が硬化すれば石畳上の水の流れは完成する。
■5 戦車の前に折れた板を配置して、踏んだ跡を付けることにした。はじめに戦車が通ったところに、1mmの杉板と板の破片を配置する。杉板には予めポーアステインを塗って着色し、さらにアクリル薄め液で溶いた、ホコリ色のピグメントを薄く塗って、埃っぽい地面に馴染ませました。
■6 P75でも使用した「履帯跡のテンプレート」を準備。これを杉板に当て、スパチュラで傷を付ける。

7 石畳の上に追加した水と板きれは、作業途中の写真を見ると取って付けたように見えたかもしれないが、その上に車両を置くとそうでもないことがわかるだろう。要素を配置するときのコツは無作為にバラバラ置かない。ある物の近くに配置してひと塊にすると散漫になりにくい。板は戦車が後退した動きを鑑賞者に示唆させるもの。またこれらの追加した要素は、シトロエンやⅣ号戦車が建物が破壊された後に来たことも語っている。

8 戦闘シーンのダイオラマで、無くてはならない小物のひとつに空薬莢が挙げられる。配置する場所や量で兵士の動きや、戦闘の激しさなど状況を想像させることができるアイテムとして重宝する。ただ本作では戦闘の状況から、たくさんの薬莢が必要になる。簡単に量産し、薬莢の質感もそれらしく再現する。(この作業はフィギュアをセットしてからでないと配置できない) 真ちゅうの薬莢を作るなら、真ちゅう線を使うのが手っ取り早い。きらりとした質感の金属が、石畳の上にジャラジャラとあるだけで、目を引きつける。この作品内で使われている弾は7〜8㎜の小銃弾なので、1/35スケールでは0.2㎜くらいの真ちゅう線が妥当だ。しかしその太さで作った薬莢を置いてみると、地面のホコリ色にとけ込んでしまい目立たない。そこで若干太いのだが、0.3㎜の真ちゅう線を使うことにした。まず0.3㎜の真ちゅう線と0.3㎜用シャープペン、それに穴を開けた1.2㎜のプラ板を用意する。プラ板の裏側は別のプラ板を貼って穴を塞いでおく

9 はじめに適当な長さに切った真ちゅう線をシャープペンに入れて、写真のようにプラ板の穴に突き立てる。そしてニッパーの刃をプラ板に沿わせて真ちゅう線を切断する。これによりプラ板の厚みと同じ1.2㎜の長さで薬莢を量産することができる。なお穴をいくつか(写真では11個) 空けておけば、穴に溜まった薬莢を集める回数を減らすことができる。

10 切り出した薬莢は適当にばら撒いてから、筆を使って疎密を意識して配置する。極端に向きが揃ったり溜まったような所がなければ、適当に撒いたままでよい。また配置後は水に木工用ボンドとアクリル溶剤を混ぜたものをスポイドで垂らして固定する。

ベースと作品の境界の処理と最後の仕上げ

1 この時点でピグメントをフィギュアと車両にも付ける。ただ付ける量は少しで構わない。

2 マスキングを剥がす前によく見ると、作品の端の瓦礫がやけに薄い。そこでGSIクレオスのウェザリングペースト(マットホワイト)を塗り、ホコリ色のピグメントを仕上げが粗いところに盛り足す。その後、瓦礫や木片、ピグメントを置いて定着させる。ウェザリングペーストは筆にとって叩くように塗ると地面らしいテクスチャーが付く。

3 マスキングテープを剥がす作業こそ、ダイオラマ作りでいちばん気分が上がる瞬間と言っても過言ではない。ただしテープを剥がすとき、一緒にベースの一部が剥がれやすいので作業は慎重に。

4 マスキングテープと一緒に地面の一部が剥がれてしまうこともしばしば。そういった場合は剥がれた部分をリタッチして仕上げる。境界の仕上げは、ぼんやりフェードアウトさせる方法より、場面を切り取ったような処理の方が作品がベースから際立つ。

ダイオラマのグランドワークは、ベースの上に土を盛り、草を植え、瓦礫を撒いていきます。そのとき、それらの要素をベースの外に落とすまいと、作品の輪郭を避けて配置しがちです。そんな状態でマスキングテープ取ると作品の境界が曖昧になっていることも少なくありません。

ベースと作品の境目は作者が創造した世界と現実の境界です。ナイフで場面を切り取るように、作品の断面をキレイにしたほうがぐっと見映えがきます。

■

この原稿の執筆は本作が完成してから2年後になります。途中に休みを入れながらも夢中で作ってきたせいで、作業中に気付かないことも幾つか見え、客観視できるいまになって作品と冷静に向き合っています。
最後まで妥協せずに、作品が良くなるために手を入れ続けてきても「手直ししたい……」と思う所は出てきます。模型に限ったことではありませんが、ダイオラマは止めどきが難しく、いつまでも楽しむこともできるのです。ただ長い時間を掛けて作ってきた作品は完成したときの高揚感が高く、それは完成させた人にしか味わうことができません。

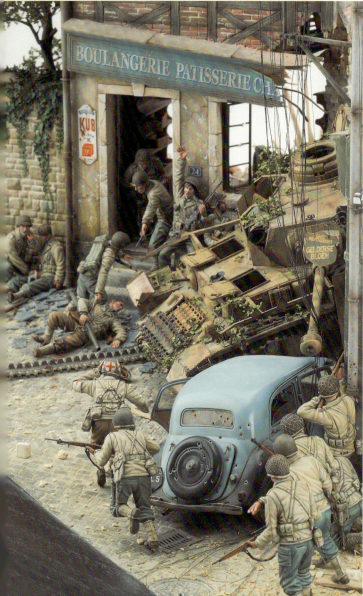

Move, Move, Move!
Break through the front! Vire-Taute Canal ~ St Jean-de-Day 1944

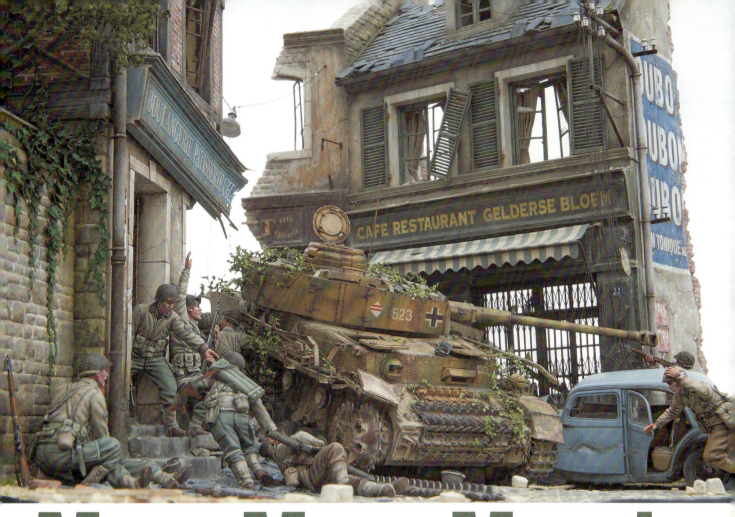

Move, Move, Move!
Break through the front! Vire-Taute Canal ~ St Jean-de-Day 1944

Move, Move, Move!
Break through the front! Vire-Taute Canal ~ St Jean-de-Day 1944

110

DIORAMA THE PERFECTION 3
ダイオラマ パーフェクション
「フィギュア・仕上げ編」 FIGURE FINAL COMPOSITION

模型製作／文／イラスト Modeling & Text & Illustration	吉岡和哉（グラブ） Kazuya YOSHIOKA (GRAB)
編集 Editor	アーマーモデリング編集部 Armour Modelling 関口コフ S/Kofu
撮影 Photographer	星野一宏（インタニヤ） Kazuhiro HOSHINO (Entaniya) 石塚真（スケールアヴィエーション） Makoto ISHIZUKA (SA)
アートディレクション Art Director	丹羽和夫（96式艦上デザイン） Kazuo NIWA (Tipo96 Centrostyle)
協力 Special Thanks	嘉瀬 翔 さかつうギャラリー スジボリ堂 武井雅弘 中嶋悠 四谷仙波堂 cobaanii mokei工房 M.S.モデルズ 注文家具工房 TGIF

ダイオラマ
パーフェクション3
「フィギュア・仕上げ編」

発行日	2018年7月29日 初版第1刷
発行人	小川光二
発行所	株式会社 大日本絵画 〒101-0054 東京都千代田区神田錦町1丁目7番地
URL	http://www.kaiga.co.jp
編集人	市村 弘
企画／編集	株式会社アートボックス 〒101-0054 東京都千代田区神田錦町1丁目7番地 錦町一丁目ビル4階
URL	http://www.modelkasten.com/
印刷	大日本印刷株式会社
製本	株式会社ブロケード
内容に関するお問い合わせ先	03(6820)7000 ㈱アートボックス
販売に関するお問い合わせ先	03(3294)7861 ㈱大日本絵画

Publisher/Dainippon Kaiga Co., Ltd.
Kanda Nishiki-cho 1-7, Chiyoda-ku, Tokyo
101-0054 Japan
Phone 03-3294-7861
Dainippon Kaiga URL; http://www.kaiga.co.jp
Editor/Artbox Co., Ltd.
Nishiki-cho 1-chome bldg., 4th Floor, Kanda
Nishiki-cho 1-7, Chiyoda-ku, Tokyo 101-0054 Japan
Phone 03-6820-7000
Artbox URL; http://www.modelkasten.com/

©株式会社 大日本絵画
本誌掲載の写真、図版、イラストレーションおよび記事等の無断転載を禁じます。
定価はカバーに表示してあります。
ISBN978-4-499-23237-1

あとがき

「買ってきたらすぐ組み立てる」「時間を掛けて丁寧に作り込む」「なんでも筆で塗る」「無改造、パチ組み」「ランナーを愛でながら一杯やる」「買ったらすぐ積む」これは私が地元で教えている生徒さん達の模型スタイルの一例です。モデラーが10人いれば10通りの楽しみ方があるように、最近は模型の楽しみ方も多様化が進んでいるようです。

そんな私は「めちゃくちゃ作り込む」というフォルダーの中に、入れられてしまいそうですが、じつはそれは雑誌の作例に限ったこと。パチ組みもするし「積み」もあります。ランナーを愛でながらお菓子も食べます。結構ラフに模型を楽しんでいます。それでは本作を作っているときは苦痛かと聞かれれば、もちろん「苦痛」と答えます。とにかく資料を調べて形にして、それを写真に撮って解説する。そんな面倒な模型の作り方はしたくありません。ただそれと同じくらい楽しかったのもウソではなく、キットやプラ板、パテなどが形になり、それらがひとつにまとまって小さな世界ができあがる。中休みはあるものの、夢中で作り続けた5年間はとても刺激的で充実した模型ライフだったといえるでしょう。

繰り返しになりますが、拙著は「すべてこの通りにしろ」と言っている本ではありません。様々なスタイルのモデラー諸氏に「ある部分を参考にして」「ある部分を完コピする」「読んで作った気になる」のも悪くありません。こんな模型の作り方があるのかと、多用化のひとつとして覚えていただければ幸いです。

吉岡和哉